Sobre la técnica de la actuación

Michael Chejov

Sobre la técnica de la actuación

Traducción
Antonio Fernández Lera

ALBA

ALBA **ARTES ESCÉNICAS**

TÍTULO ORIGINAL: *On the Technique of Acting*

© Michael Chejov, 1891-1955
Esta traducción ha sido publicada con el permiso de HarperCollins Publishers, inc.

© DE LA TRADUCCIÓN: Antonio Fernández Lera
© DEL PREFACIO Y EPÍLOGO: Mala Powers, 1991
© DE LA EDICIÓN E INTRODUCCIÓN: Mel Gordon

© DE ESTA EDICIÓN: **ALBA EDITORIAL**, s.l.u.
Baixada de Sant Miquel, 1 08002 Barcelona
www.albaeditorial.es

DISEÑO: Pepe Moll de Alba

PRIMERA EDICIÓN: abril de 1999
SEGUNDA EDICIÓN: febrero de 2002
TERCERA EDICIÓN: enero de 2005
CUARTA EDICIÓN: junio de 2008
QUINTA EDICIÓN: mayo de 2011
SEXTA EDICIÓN: abril de 2015
SÉPTIMA EDICIÓN: enero de 2017
OCTAVA EDICIÓN: junio de 2019
NOVENA EDICIÓN: octubre de 2021
DÉCIMA EDICIÓN: febrero de 2024

ISBN: 978-84-89846-71-5
DEPÓSITO LEGAL: B-20.383-2011
IMPRESIÓN: Liberdúplex, s.l.u.
Ctra. BV 2241, Km 7,4 Polígono Torrentfondo 08791 Sant Llorenç d'Hortons (Barcelona)

IMPRESO EN ESPAÑA

Cualquier forma de reproducción, distribución, comunicación pública o transformación de esta obra solo puede ser realizada con la autorización de sus titulares, salvo excepción prevista por la ley. Diríjase a CEDRO (Centro Español de Derechos Reprográficos, www.cedro.org) si necesita fotocopiar o escanear algún fragmento de esta obra.

Quedan rigurosamente prohibidas, sin la autorización escrita de los titulares del Copyright, bajo las sanciones establecidas por las leyes, la reproducción parcial o total de esta obra por cualquier medio o procedimiento, comprendidos la reprografía y el tratamiento informático, y su distribución mediante alquiler o préstamo públicos.

ÍNDICE

Agradecimientos	9
Introducción	11
Prefacio: El mapa de Michael Chejov para una actuación inspirada	49
Imaginación y concentración	63
El ego superior	83
Atmósfera objetiva y sentimientos individuales	97
El cuerpo del actor	121
El gesto psicológico	141
Incorporación y caracterización	191
Del texto a la sala de ensayos	207
Composición de la interpretación	237
Las cuatro etapas del proceso creativo	261
Epílogo con Michael Chejov en Hollywood: Para el actor de cine y televisión	279
Índice de materias	299

Agradecimientos

Los escritos de Michael Chejov y su técnica actoral se conservan hoy solo gracias a los extraordinarios esfuerzos, el sacrificio y la devoción de sus seguidores y alumnos. Deseamos expresar nuestro agradecimiento especialmente a las siguientes personas:

A Beatrice Straight, quien, junto con Dorothy y Leonard Elmhurst, proporcionó un refugio ideal para la creación en Darlington Hall (Inglaterra) y posteriormente en Ridgefield (Connecticut, Estados Unidos), donde Michael Chejov pudo experimentar libremente, enseñar, dirigir y perfeccionar sus ideas, para luego expresar y elaborar por escrito su técnica de la actuación con el fin de transmitirla a las futuras generaciones de actores.

A Deirdre Horst du Prey, no solamente por su inestimable ayuda a Chejov en la preparación del manuscrito original de este libro, sino también por sus muchos años de fidelidad y dedicación al trabajo de grabación y transcripción de las ideas y de las palabras de Chejov.

A la doctora Georgette Boner, cuyo apoyo, estímulo, comprensión y agudeza ayudaron enormemente a Chejov en su proceso inicial de elaboración y formulación de una técnica de preparación de actores.

A George Shdanoff, quien compartió con Chejov el trabajo, la emoción y el placer en el Teatro Chejov [Chekhov Theatre] y que, como profesor y director, contribuyó y participó en numerosos experimentos pedagógicos basados en los principios que se presentan en este libro.

A Hurd Hartfield y Paul Marshall Allen, por sus amplios conocimientos y sus aportaciones literarias en la primera versión del manuscrito de Chejov.

Y a la difunta Xenia Chejov, que tanto contribuyó a este libro y ayudó en la vida de Michael Chejov con sus muy especiales cualidades de paciencia, comprensión y amor.

Mel Gordon
Mala Powers

Introducción

Michael Chejov fue uno de los más extraordinarios actores y maestros del siglo XX. Desde su debut profesional en el Primer Estudio Experimental del Teatro de Arte de Moscú, en 1913, hasta su muerte en Hollywood cuarenta y dos años más tarde, Chejov electrizó a los espectadores de habla rusa, francesa, alemana e inglesa, que a menudo le esperaban con febril expectación a la entrada de su camerino o en las puertas de salida del teatro. Durante la primera parte de su carrera, los críticos, que nunca habían presenciado una mezcla tan perfecta y asombrosa de profundo y sentido realismo en el marco de una representación de grotesca fantasía, llegaron incluso a plantearse si Chejov realmente «actuaba» en escena. Era como si los auténticos personajes de las páginas de Shakespeare, Gogol, Dickens, Dostoievski o Strindberg se hubieran dejado caer misteriosamente sobre la tierra para relacionarse por un momento con los otros intérpretes, que parecían entonces acartonados y paralizados.

Michael Chejov tenía también la inusual capacidad de entusiasmar y atraer a algunos de los más grandes creadores teatrales y cinematográficos de Europa y América, desde célebres directores como Yevgeny Vajtangov y Max Reinhardt hasta actores de renombre en Broadway y Hollywood, como Stella Adler y Gregory Peck. Marilyn Monroe dijo en una ocasión que Chejov había sido la influencia espiritual más poderosa de su vida, después de Abraham Lincoln. Yul Brynner confesó que Chejov le abrió todas las puertas del arte teatral cuando acababa de empezar sus estudios. En los años veinte y treinta, Constantin Stanislavski (1863-1938) solía referirse a Chejov, un oponente radical del sistema de actuación moderna del propio Stanislavski, como «su más brillante alumno».

Como tantos otros artistas rusos que alcanzaron la mayoría de edad en los años veinte, la vida de Chejov pasó por infinidad de vicisitudes y reveses. Como sobrino del dramaturgo y narrador Anton Chejov, tuvo que hacer frente a acusaciones de nepotismo en el teatro. También sufrió alcoholismo crónico, heredado de su padre, filósofo e inventor fallido. Nacido en San Petersburgo el 16 de agosto de 1891, Michael (bautizado como Mijail Alexandrovich) mostró un temperamento salvaje y apasionado durante toda su infancia. Animado por una niñera de origen rural, el joven Chejov organizaba todo tipo de juegos teatrales y caracterizaciones de personajes. En un relato autobiográfico de 1944, Chejov recordaba con claridad este período: «Tomaba la primera prenda de ropa que caía en mis manos, me la ponía y sentía: este soy yo. Las improvisaciones eran serias o cómicas, según el disfraz. No importaba lo que yo hiciera, la reacción de la niñera siempre era la misma: se desternillaba con su risa prolongada y silbante, hasta las lágrimas».

En 1907, Chejov entró en la escuela de arte dramático de Alexei Suvorin, donde se distinguiría en los papeles cómicos. Después de dos años de preparación con papeles de poca importancia, interpretó el papel protagonista en *El zar Fiódor Ivánovich*, de Alexei Tolstoi, que se presentó en una función especial ante el zar Nicolás II. Entre bastidores, el torpe zar preguntó al joven Chejov cómo se pegaba la nariz postiza. Sin querer, Chejov manchó el guante del zar. Aquella noche, según Chejov, varios de los intérpretes, por separado, soñaron con asesinar a Nicolás.

Tres años más tarde, Chejov, con veintiún años de edad, era ya un renombrado actor característico en el prestigioso Teatro Maly. Stanislavski se interesó personalmente por el sobrino de Anton Chejov y lo invitó a participar en una prueba para el aún más prestigioso Teatro de Arte de Moscú, que gozaba entonces de absoluta fama internacional. Pese a una exasperante declamación, Chejov fue aceptado en la institución teatral de Stanislavski.

En el innovador Primer Estudio del Teatro de Arte de Moscú, Chejov cayó bajo la tutela directa del extraordinario director armenio Yevgeny Vajtangov. Su relación personal y profesional, aunque estrecha, estaba repleta de complicaciones y rivalidades manifestadas a menudo en forma de bromas, que desembocaban a veces en violencia real. En una gira en la primavera de 1915, por ejemplo, ambos compañeros de habitación crearon un juego, «El mono entrenado», en el que a cada uno le tocaba, cada mañana, representar el papel del «mono». El «mono» salía de la cama a cuatro patas y preparaba el café. Hasta que el desayuno estuviera listo, el otro tenía derecho a pegar al «mono». Para Chejov, y quizá también para Vajtangov, el juego tenía implicaciones psicológicas más profundas. Finalmente, el mono Chejov «se amotinó» y estalló una pelea de verdad, en la que Chejov perdió un diente y Vajtangov casi se asfixió.

Durante la temporada 1912-1913 del Teatro de Arte de Moscú, Chejov representó papeles de figurante en varias producciones, incluido el Hamlet de Gordon Craig. Durante una representación de *El enfermo imaginario* de Molière, Stanislavski reprendió al joven Chejov por «divertirse demasiado con el papel» de uno de los médicos figurantes. A Chejov le molestó la amonestación del maestro: ¿no era *El enfermo imaginario* una comedia? Por tanto, ¿no se requería cierto elemento de diversión? Aunque profesaba una fe absoluta en el moderno sistema actoral de Stanislavski, Chejov tuvo problemas con su creador desde el principio.

En 1913, fue elegido por Richard Boleslavski para una producción de prueba del Primer Estudio sobre la obra

El hundimiento del «Buena Esperanza», del dramaturgo holandés Herman Heijermans, y Chejov causó un gran revuelo. Tomó el papel secundario de Kobe, el pescador idiota, y lo transformó en una criatura de conmovedor e intenso lirismo; el personaje, mediante el movimiento y el maquillaje, pasó de ser un tipo de la farsa a convertirse en un sincero y patológico buscador de la verdad. Para el público, el papel secundario de Chejov se convirtió en un nuevo centro de atención de la obra. Cuando se le criticó que su concepto de Kobe no correspondía a los propósitos del dramaturgo, Chejov respondió que él había ido más allá del dramaturgo y de la obra para encontrar al verdadero personaje de Kobe.

La idea de que un actor puede «ir más allá del dramaturgo o de la obra» es la primera clave para comprender la técnica de Chejov y hasta qué punto difería de las anteriores enseñanzas de Stanislavski. Chejov manifestaba que el impulso de «ir más allá» le había surgido durante su anterior aprendizaje en el teatro Maly. Durante una representación, en 1910, de *El inspector*, de Nikolai Gogol, Chejov presenció la actuación de uno de sus maestros, Boris Glagolin, en el papel principal de Jlestakov. De pronto, una revelación, una «especie de mutación mental», se apoderó de Chejov: «Tuve claro que Glagolin no interpretaba el papel de Jlestakov como los demás, aunque nunca había visto a ningún otro intérprete en aquel papel. Y este sentimiento, "no como los demás", surgió en mí».

Los objetivos actorales de Chejov cambiaron con el

tiempo. La «conquista del público» en el Maly y los retratos relajados y realistas del Teatro de Arte de Moscú dieron paso a una búsqueda de interpretaciones extraordinarias de los personajes. En cierto sentido, Chejov le había dado la vuelta a la preparación actoral de Stanislavski. En lugar de las dos partes del sistema estanislavsquiano, el «trabajo sobre sí mismo» seguido del «trabajo sobre su propio papel», Chejov convirtió la imaginación y el trabajo sobre el personaje en sus fundamentos básicos. En la técnica de Chejov, todos los ejercicios derivan de estos fundamentos.

Una anécdota apócrifa puede explicar el conflicto teatral y personal entre Stanislavski y Chejov. Cuando el maestro le pidió que representara una situación dramática verídica como ejercicio de memoria afectiva, Chejov recreó su nostálgica presencia en el funeral de su padre. Abrumado por la precisión de los detalles y la sensación de veracidad en la actuación de Chejov, Stanislavski lo abrazó, convencido de que aquello era otra prueba del poder de la verdadera memoria afectiva para el actor. Desgraciadamente, Stanislavski descubrió más tarde que el enfermo padre de Chejov en realidad seguía vivo. La actuación de Chejov no se basaba en recuperar la experiencia, sino en una febril anticipación del acontecimiento. Reprendido nuevamente, Chejov fue expulsado de la clase debido a su calenturienta imaginación.

Con las producciones del Primer Estudio las imaginativas creaciones de Chejov encontraron un creciente número de admiradores. Para el Festival de la Paz de Vajtangov (1913), Chejov preparó el papel de Fribe, el borracho de la familia, con su habitual originalidad. En contra del retrato corriente de un alcohólico, Chejov construyó su personaje físico sobre la idea de un loco que comprende que cada parte de su cuerpo se muere por separado y de una forma horrible. Chejov creía que la muerte en escena debía mostrarse como una ralentización y una desaparición del tiempo en la mente humana. Quería que el público sintiera este retraso físico, que viera incluso ese punto en que el *tempo*, cada vez más lento, se interrumpe mientras el personaje lucha en vano contra la muerte. Fue un gran éxito.

La adaptación en el Primer Estudio de *El grillo del hogar*, de Charles Dickens, en 1915, supuso la consolidación de Chejov como intérprete. En el papel de Caleb, el asustado pero bondadoso fabricante de juguetes, Chejov insistió en inventar y construir personalmente todos los juguetes mecánicos para el espectáculo. Su personaje surgió poco a poco, a medida que pudo visualizar a un anciano sentado en una silla y empezó a imaginar cada acción del personaje. En una mezcla de dostoievskiana morbosidad y tolstoiano amor absoluto hacia su hija ciega, el Caleb de Chejov se puso a la altura del infame y mecánico Tarelton de Vajtangov. Stanislavski resaltó la actuación de Chejov como «casi genial».

A finales de 1915, Vajtangov dirigió una producción de *El diluvio* de Henning Berger en el Primer Estudio. Al repartir entre Chejov y él mismo el papel de Frazer, el mercader americano en bancarrota, su rivalidad prosiguió. Para desagrado de Vajtangov, Chejov veía a Frazer como un empresario judío confundido pero encantador, aunque en la obra no se hacía la menor indicación sobre el origen étnico del personaje. Chejov fue criticado por su interpretación abiertamente física y grotesca, en la que daba palmadas en el aire como una muchacha histérica y tropezaba con las rodillas dobladas contra los muebles del salón. Lo cierto es que Chejov desarrolló su personaje en torno a una imagen mental poco habitual: Frazer era un hombre que inconscientemente deseaba atravesar las ropas y la piel de sus rivales con el fin de establecer el contacto humano más profundo posible; deseaba tocar físicamente sus corazones. No obstante, entre las dos interpretaciones, la de Chejov y la de Vajtangov, los espectadores prefirieron claramente la creación de Chejov. Vajtangov pronto empezaría a imitar al Frazer de Chejov, como lo harían otros actores del Primer Estudio que más tarde interpretarían el mismo papel. El número de admiradores de Chejov en Rusia ascendió a varios miles.

Entre 1913 y 1923, Chejov apareció en doce espectáculos del Teatro de Arte de Moscú y en producciones independientes, generalmente como protagonista, o en papeles secundarios importantes. Su reputación como actor y como pensador independiente aumentó enormemente en este período. Pero los ataques de depresión provocados por el alcoholismo, las muertes familiares, la fiebre de la guerra, la revolución y la guerra civil, debilitaron a menudo su equilibrio mental y su capacidad de acción. Pese a todo, los dos años siguientes a la victoria bolchevique (1918 y 1919) fueron especialmente cruciales para el proceso espiritual y artístico de Chejov. Durante las representaciones de *Noche de Epifanía* en el Primer Estudio, Chejov se convirtió en «un espíritu demacrado y triste, abrumado por las penas de Rusia», según las palabras de Oliver Sayler, crítico estadounidense de visita en Rusia. Interpretado con su característico estilo de fuertes contrastes, el Malvolio de Chejov era fundamentalmente un halagador del vulgo. En la actuación de Chejov en el estreno, las dulces sensibilidades líricas de Shakespeare se enredaban en la «ciénaga» de aterrador erotismo de Malvolio. Pero a las pocas semanas del estreno de *Noche de Epifanía*, Chejov desarrolló una paranoia aguda que lo llevaba a creer que podía «oír» y «ver» conversaciones lejanas en distintos lugares de Rusia. El temor al suicidio y a la muerte de su madre estaban siempre presentes en sus actividades cotidianas. En la primavera de 1918, su situación familiar se había deteriorado seriamente. Su esposa Olga se divorció de él y se llevó consigo a su hija recién nacida. Stanislavski hizo que un equipo de psiquiatras examinara al agotado Chejov, que, pese a todo, seguía siendo su actor más popular. Finalmente, Chejov se sometió a una serie de tratamientos hipnóticos que aliviaron los peores efectos de sus episodios de depresión. Pero entonces se dio cuenta de que era víctima de ataques de risa incontrolada, que a veces estallaban en plena actuación.

Más que las avanzadas terapias psicológicas de los médicos de Stanislavski, fue su encuentro con la filosofía hindú y en especial con la antroposofía de Rudolf Steiner lo que cambió el estado psíquico de Chejov. De hecho, su apasionada investigación de la «ciencia espiritual» de Steiner llenó un peligroso vacío en su mundo creativo. Desbloqueó también su agobiante vida emocional. Poco a poco, Chejov comprendió que su exasperante falta de voluntad era el residuo de una crisis espiritual, más que el resultado de la fatiga física de un actor sobrecargado de trabajo. Comenzó a ser consciente de que su inoportuna crisis nerviosa —en la cima de su fama— era de hecho la protesta silenciosa de su alma contra el tipo de actor en que se estaba convirtiendo: «Un maligno recipiente de ebrio egoísmo». En muchos aspectos, el Chejov de 1918 se parecía al Stanislavski de 1905: ambos eran alabados como intérpretes pero se sentían tremendamente infelices como personas y como artistas. Ambos ansiaban un sistema más perfecto de preparación del actor, pero Chejov buscaba también un estilo más perfecto de comunicación con el público. Soñaba con una nueva forma de actuación que incluyera un componente más amplio y más profundo, más cercana a la religiosidad extasiada de los antiguos griegos que al mezquino comercialismo y a la politiquería del teatro de la Rusia de la época.

Durante los años de la guerra, unos discípulos de Rudolf Steiner, los antroposofistas, realizaron una serie de presentaciones privadas de la euritmia o «ciencia del lenguaje visible», en Moscú. Aquellas danzas espirituales, que trataban de transformar el sonido y el color en movimiento, causaron una honda impresión en Chejov. Al igual que los mantras y diversos yogas del sudeste asiático, los ejercicios de sonido y movimiento de Steiner proporcionaban a sus seguidores una vía artística sofisticada y claramente definida. En los centros antroposóficos de Alemania y Suiza, las actuaciones escénicas basadas en la euritmia –bien como nueva forma de danza o como base para el movimiento en los propios misterios dramáticos de Steiner– atraían a un amplio público. Aunque Chejov no conoció a Steiner hasta 1922, durante una gira por Europa central, sus contactos con los grupos antroposóficos rusos fueron frecuentes y fructíferos. Lo más importante es que estimulaban las ideas de Chejov sobre un teatro ideal. Unir la verdad interior y la profundidad emocional del sistema de Stanislavski con la belleza y el impacto espiritual de la obra de Steiner se convirtió para él en una verdadera obsesión.

En 1918, Chejov abrió su propio estudio en Moscú, en el distrito teatral de Arbat. Fue el primero de varios intentos de transmitir su singular forma de actuación. Entre 1918 y 1922, de los cientos de estudiantes que cada otoño se presentaban a las pruebas de admisión, salían elegidos treinta por curso. Normalmente, en diciembre solo quedaban tres. Chejov rara vez preparaba una clase. El trabajo en su estudio se basaba sobre todo en sus experimentos sobre el desarrollo del personaje. En su piso, Chejov investigó inicialmente el concepto de reencarnación y las técnicas del yoga hindú. Un nuevo ejercicio implicaba una profunda meditación. Sobre la base de su propio inconsciente colectivo o étnico, los estudiantes trataban de reencarnarse como sus personajes. Si, por ejemplo, un actor en el papel de Hamlet pudiera, en cierta medida, metamorfosearse mentalmente en el Hamlet real, Chejov consideraba que se podría escribir todo un nuevo capítulo sobre la preparación del actor.

Aunque sin duda pocos alumnos de su estudio compartían sus convicciones personales y su entusiasmo por lo espiritual, Chejov inventó un vocabulario más directamente orientado hacia el proceso mental y a la imaginación del intérprete. Stanislavski y Vajtangov solían utilizar una terminología abstracta para decir a los actores lo que deseaban obtener de ellos; por ejemplo: «concéntrate», «actúa con ingenuidad», «siente calor». Esto obligaba al actor a reinterpretar cada indicación según los mecanismos de su mente y de su cuerpo. La instrucción de «relajarse», por ejemplo, una indicación de dirección muy frecuente, solía producir una serie de respuestas secundarias en la mente del actor, antes de que este pudiera lograr la relajación física. Un actor puede pensar lo siguiente: «Aunque me siento relajado, el director ha dicho que no lo estoy. Por tanto, alguna parte de mi cuerpo debe de estar tensa. Primero debo averiguar cuál es. Empezaré por los hombros...»

La técnica de Chejov se basaba principalmente en imágenes, especialmente imágenes viscerales, que pasaban por alto los procesos mentales complicados y secundarios. En lugar de decirle al actor que se «relajara», Chejov le pedía «caminar [o sentarse o ponerse de pie] con un sentimiento de facilidad». El concepto «sentimiento de facilidad» ofrecía al actor una imagen externa, positiva, con la que sustituir la indicación del director de «relajarse». Otro ejemplo: en vez de pedir a un actor desgarbado, que hace el papel de un orgulloso aristócrata, que «se sentara erguido», Chejov le decía que dejara a su cuerpo «pensar "hacia arriba"». Para alguien que no sea actor, las diferencias entre el planteamiento lingüístico de Chejov y el de sus maestros pueden parecer pequeñas, pero para Chejov eran indicaciones esenciales que reflejaban una profunda comprensión de cómo piensa y cómo responde el actor.

Tanto Chejov como Stanislavski creían que hay que ofrecer al actor vías que le permitan superar los clichés actorales y las banalidades teatrales heredadas de las precedentes generaciones de actores de prestigio. Para Stanislavski, esto significaba que el actor tenía que buscar la «verdad» en la conducta humana real o en la lógica de la psicología humana. Para Chejov, el secreto está en alguna parte situada fuera del teatro y de la vida, en algún lugar en lo más profundo de la imaginación del intérprete. Según las enseñanzas de Chejov, son los elementos inefables y mágicos del escenario los que realmente unen al actor y al espectador: el campo de energía, o de vitalidad, que irradia desde el trabajo creativo del actor, sus profundas y sorprendentes elecciones sobre su personaje, la sensación cinética de movimientos corporales y sonidos perfectamente ejecutados; todo ello crea una atmósfera especial y poderosa, la atmósfera pura del escenario. El naturalismo trasnochado del Teatro de Arte de Moscú podía verse por cualquier parte en las calles, en la propia vida cotidiana, de modo que el teatro no tenía necesidad de competir en ese terreno. Por el contrario, el desafío de Chejov en relación con Stanislavski profetizaba un nuevo estilo de interpretación basado en la actuación como forma de comunicación humana intensa y espiritual.

Por encima de todo, el trabajo de Chejov se asoció con el poder de la imaginación. Dado que la fuerza del teatro reside en su capacidad para comunicar mediante imágenes sensoriales más que mediante ideas literarias, Chejov intentaba descubrir los mecanismos de preparación del actor adecuados para elevar la conciencia imaginativa de sus alumnos. Sus improvisaciones, que constituyen la mayor parte de sus primeras enseñanzas, propusieron la idea de que el espacio escénico podía tener un halo especial y casi mágico, lleno de atmósferas evanescentes o embriagadoras. Los ejercicios de memoria afectiva de Stanislavski y Vajtangov se basaban en la memoria sensorial del actor sobre un hecho real de su vida. Chejov adiestraba a sus estudiantes para encontrar estímulos externos, ficticios, al margen de sus experiencias personales, que pudieran avivar sus emociones y sus imaginaciones.

Al principio del período de capitalismo limitado que representó la «nueva política económica» de Lenin (1921-1927), el estudio de Chejov atravesó dificultades económicas. Las producciones de cuentos de hadas y adaptaciones literarias que Chejov y sus estudiantes ofrecían interesaban solo a un público limitado. Para sobrevivir, por tanto, Chejov se vio forzado a actuar de nuevo en el teatro profesional. Antes de la desaparición de su estudio en 1921, no obstante, Chejov le jugó una mala pasada a Stanislavski. Desde que empezó a aplicar su sistema, Stanislavski había prohibido a todos sus estudiantes y compañeros docentes que revelaran jamás detalle alguno sobre su trabajo. Aunque Stanislavski tenía numerosos detractores fuera del TAM, ninguno podía mencionar con claridad característica alguna concreta de su método de formación, pues se conocía muy poco sobre ello. Solo se podía comentar y criticar rumores, más que cuestiones precisas. Sin embargo, en 1919, Chejov publicó un detallado análisis del trabajo de Stanislavski en dos números de una publicación cultural obrera, *Gorn* (*Crisol*). Stanislavski y los miembros del Primer Estudio se indignaron, por dos motivos: primero, porque Chejov había roto la firme prohibición de Stanislavski, y segundo, porque Chejov atribuía maliciosamente al maestro algunas de sus propias y más extremas ideas.

Dos años más tarde, no obstante, Stanislavski y Vajtangov

perdonaron a Chejov. A principios del año 1921, Chejov actuó como protagonista en la sombría y expresionista producción de Vajtangov sobre la obra de August Strindberg *Erik XIV*. En su papel de joven rey, socialmente incapaz, en la corrupta corte sueca, Chejov descubrió la naturaleza interior del personaje en los ensayos, a base de pensar continuamente en una sorprendente imagen: Erik está atrapado en el interior de un círculo; sus manos salen del círculo para tratar de alcanzar algo pero Erik no encuentra nada; sus manos caen sin esperanza, vacías. A partir de su aprendizaje de la euritmia, Chejov «encontró» su papel mediante el juego con la forma y la calidad del movimiento del personaje y a través de una reorganización de su estatura y su forma física. Solo cuando pudo «ver» el gesto del personaje, Chejov empezó su encarnación o incorporación del papel. Mediante una imagen puramente externa, en lugar de una «memoria afectiva», Chejov creó el personaje de Erik de un modo sorprendente y nada estanislavsquiano.

A la vez que representaba *Erik XIV*, Chejov ensayaba el papel principal en *El inspector* de Gogol, para el Teatro de Arte de Moscú, bajo la dirección de Stanislavski. El experto director dominaba a sus jóvenes intérpretes, de tal modo que a menudo los interrumpía en medio de una frase para hacerles una demostración de sus propios criterios personales de actuación. Pero la interpretación que Chejov hizo de Jlestakov era tan inusual y su caracterización física, tan audaz —«un duendecillo malicioso de otro mundo»–, que incluso sus compañeros del Primer Estudio quedaron asombrados y Stanislavski no trató de mejorar las elecciones de Chejov.

En la noche del estreno de *El inspector*, un impresionado Vajtangov murmuró a Stanislavski: «¿Es posible que sea este el mismo hombre que vemos en nuestro estudio cada mañana?». Vajtangov, que había trabajado con Chejov en el proyecto de *Erik XIV*, a duras penas lo reconocía ahora en el personaje de Gogol. Algunos espectadores señalaron que Chejov daba a su papel una matizada y extraña ligereza. Los rasgos enfermizos, patológicos y displicentes de Jlestakov se integraban de forma perfecta y absoluta en una interpretación llena de frescura. No cabe duda de que Stanislavski y otros apreciaban los elaborados trabajos de Chejov. Lo que preocupaba al grupo del TAM eran los medios erráticos que empleaba Chejov para crear al personaje. Su interpretación transmitía un sentimiento totalmente distinto en cada función. Sus acciones en escena se improvisaban todas las noches. Más aún, el personaje de Chejov tendía a experimentar modificaciones y cambios de enfoque de una actuación a otra. Era como si el Jlestakov de Gogol, una vez que había cobrado vida en escena, comenzara a dirigir al actor Chejov.

En 1923, después de la prematura muerte de Vajtangov y la celebrada gira del Teatro de Arte de Moscú por Europa occidental y América, Stanislavski recompensó a Chejov con la dirección de su propio teatro, el Segundo Teatro de Arte de Moscú. Libre de preocupaciones económicas, Chejov comenzó a experimentar en serio. Los ejercicios de movimiento rítmico y de comunicación telepática llenaban los apretados horarios de entrenamiento y ensayo de los actores. Para su preparación final de un polémico Hamlet, Chejov enseñó a sus actores a utilizar el lenguaje de Shakespeare como una propiedad física, para lo cual los hacía lanzar pelotas al aire mientras ensayaban sus versos. Chejov anunció a su elenco: «Si el sistema de K. S. [Stanislavski] es la escuela secundaria, mis ejercicios son la universidad». Ni la personalidad del actor ni los clichés escénicos de un director o un dramaturgo podían constituir la base de ningún papel. Chejov argumentaba que su Hamlet variaba de una función a otra, a veces con independencia de sus propias órdenes, como respuesta a las necesidades inconscientes de su público. Algunos vieron en la producción experimental del Segundo Teatro de Arte de Moscú un símbolo del dilema político del intelectual ruso en la vorágine del Estado obrero de la época.

En las presentaciones posteriores a Hamlet, Chejov mostró su legendaria capacidad para transformarse de un tipo físico a otro. Para la producción, en el Segundo Teatro de Arte de Moscú, de *San Pertersburgo* (1925), con su atmósfera apocalíptica basada en la novela simbolista de Andrei Bely, Chejov interpretó el papel del viejo senador Abeleukov, que se niega a creer que el antiguo orden imperial está a punto de derrumbarse. Chejov hablaba de encontrar su arquetipo o su imagen «correcta» para el personaje en los movimientos y sonidos de «la soledad».

Aunque en el Segundo TAM parecía más un actor principal que un director artístico, los criterios de Chejov pronto fueron objeto de duras críticas por parte del Gobierno. En *El caso* (1927), de Alexander Sujovo-Kobylin, comenzó a incorporar aspectos de animales y seres sobrenaturales en la encarnación física de su personaje, Muromski. En su preparación, Chejov intentó establecer «contacto» con su visión de Muromski: le hacía preguntas e imitaba sus respuestas.

En 1927, Chejov fue denunciado oficialmente como «idealista» y místico por su uso de la euritmia y su interés por Rudolf Steiner, entonces totalmente prohibido en la cultura soviética. Como protesta por las técnicas de Chejov, diecisiete intérpretes abandonaron el Segundo Teatro de Arte de Moscú. Inmediatamente después de la escisión, los principales periódicos de Moscú tildaron a Chejov de «artista enfermo» y calificaron sus producciones de «extrañas y reaccionarias». Aquel año llegó a estar fichado para su liquidación. Pero su popularidad y la suerte estuvieron de su lado. Gracias a su trabajo en el cine y a la publicación de su autobiografía, tuvo apoyos incluso en el seno del Gobierno y de la GPU, la policía secreta soviética. En agosto de 1928, después de recibir una invitación del director austríaco Max Reinhardt para actuar en Alemania, Chejov fue autorizado a emigrar con su familia. Se fue inmediatamente a Berlín. Allí Chejov empezó una segunda fase de su carrera, sus *Wanderjahre*, sus «años errantes», un período de éxitos tanto profesionales como personales.

A su llegada a Berlín a finales del verano de 1928, Michael Chejov inició la segunda etapa de su carrera, un exilio voluntario a través de Europa central, occidental y oriental. Durante siete años, en su mayor parte repletos de desilusiones, Chejov prosiguió fuera de la Rusia soviética su lucha continua para crear su propia compañía y su propio método de preparación actoral. Pero en cada país de adopción donde su trabajo como actor era objeto de alta estima, los grandiosos planes de Chejov de crear un estudio o escuela de teatro se estancaban, se frustraban o se desintegraban. La tradicional maldición que atormentaba a otros artistas rusos exiliados –que ninguna nación fuera de la «madre Rusia» los aceptaría ni los comprendería del todo– perseguía obstinadamente a Chejov allí adonde fuera.

Su primer encuentro profesional en el extranjero, con Max Reinhardt en Berlín, lo dejó deprimido y confuso. Cuando esperaba interpretar un Hamlet en solitario en los escenarios alemanes, Chejov fue contratado para el papel de Skid, el desconsolado esposo de una prometedora joven actriz de Broadway, en la obra de corte jazzístico titulada *Broadway*, de George Abbott y Philip Dunning, que en Europa pasó a llamarse *Artistas*. La obra se representaba ya con éxito en Berlín, y Reinhardt preparaba una segunda versión con Chejov para su presentación en Viena. Montada sobre un escenario similar al de un circo, en uno de los mayores teatros de Viena, *Artistas* se estrenó en febrero de 1929. A Chejov le disgustaba todo lo relacionado con aquella producción: el corto y descuidado proceso de ensayos, la ausencia general de dirección y, sobre todo, su propia caracterización, poco inspirada. Durante el flojo estreno de la obra, sin embargo, Chejov tuvo una extraña visión: vio que el personaje Skid le hacía señas para sentarse de una determinada manera, hablar con otra entonación, moverse más despacio, mirar con mayor intensidad a su esposa. Chejov interpretó esta revelación de un modo personal y místico: «La fatiga y la calma me habían convertido en un espectador de mi propia actuación... Mi conciencia estaba dividida, yo estaba entre el público, cerca de mí mismo y en cada uno de mis compañeros». Su actuación en *Artistas* tuvo una acogida entusiasta y garantizó a Chejov una nueva carrera en el mundo de habla alemana. En el plazo de un año apareció en tres importantes películas alemanas.

Chejov llamó a esta introspección visionaria «conciencia dividida», ya que su resultado era la doble percepción de actuar ante un público y a la vez seguir las orientaciones de su personaje. En su última producción soviética, *El caso*, había intentado invocar la imagen de Muromski, pero solo en Viena el personaje se apareció de forma natural e íntegra. Obedecer al ego superior o salirse de uno mismo para adaptarse a las exigencias del personaje se convirtió en el nuevo credo de Chejov. Cuando le explicó este concepto a Stanislavski, aquella primavera, en un café de Berlín, el maestro se quedó sobresaltado y perplejo. Más aún, Chejov reprendió a Stanislavski por crear un sistema dañino de formación actoral; en su opinión, la fuerte dependencia de Stanislavski de los mecanismos de la memoria afectiva llevaba a los actores a una histeria incontrolada. De pronto, sus antiguos papeles de alumno y maestro se habían invertido. Chejov recomendó a Stanislavski sustituir la memoria afectiva por la imaginación pura. «De las tres fases activas de la mente (soñar, pensar o recordar, e imaginar) –le dijo Chejov a Stanislavski–, únicamente la imaginación es realmente eficaz en la creación artística.» Stanislavski tenía que estar forzosamente en desacuerdo con el acaloramiento y la apasionada insistencia de Chejov.

En 1930, Vsevolod Meyerhold y otros artistas teatrales soviéticos visitaron a Chejov en Berlín, con el propósito de persuadirlo para que volviera a Moscú. De regreso a la Unión Soviética, Meyerhold llegó a bromear incluso con sus actores sobre un plan para secuestrar a Chejov. Entretanto, Chejov estaba ocupado con la euritmia y la antroposofía, siendo asiduo de los centros de Rudolf Steiner en Alemania. Pero, también varados en Berlín, en un exilio voluntario de Rusia y Palestina, estaban los actores del Teatro Habima. Estos se acercaron a Chejov, colega emigrado de Rusia y del TAM, para rogarle que los dirigiera en una obra de Shakespeare. Chejov seleccionó *Noche de Epifanía*, pero pronto comprendió que los jóvenes y adustos discípulos de Vajtangov eran cualquier cosa menos actores cómicos por naturaleza. Para ellos, Chejov inventó una serie de ejercicios de «ligereza», que abordaron con su entrega y su fervor habituales. En el momento del estreno de la obra, la *Noche de Epifanía* hebrea tenía una textura ligera y etérea. La incursión del Habima en Shakespeare tuvo una favorable acogida en periódicos de todo el mundo y la reputación de Chejov como director de escena innovador llegó a Francia y a los países de habla inglesa.

A principios de 1931, Chejov empezó a pensar en abandonar Berlín. Comenzó a trabajar en un Hamlet «compacto» y con vestuario moderno, en el que, ingeniosamente, Claudio y Gertrudis interpretarían ellos mismos los papeles del Rey y la Reina ficticios. Posteriormente le ofrecieron a Chejov otros proyectos, como la dirección de dos teatros en lengua rusa que acababan de crearse en Praga y París, pero todos fracasaron por motivos económicos. No obstante, París albergaba por sí sola la mayor colonia rusa fuera de la Unión Soviética. En la primavera de 1931, Chejov hizo de París su nuevo hogar.

Distintas facciones pro y antibolcheviques del mundo de la emigración rusa unieron sus fuerzas para oponerse a los planes teatrales de Chejov. Los simpatizantes rusos y franceses de la Unión Soviética consideraban al sobrino de Anton Chejov como otro actor burgués y renegado que buscaba riquezas materiales en el mundo occidental; su repertorio rehuía la política contemporánea y se centraba en comedias del siglo XIX y en dramas espirituales. Por otra parte, dado que Chejov se negaba a hacer declaraciones contra el comunismo o a firmar sus declaraciones, las poderosas facciones rusas antibolcheviques lo acusaron de ser un agente de la GPU. No obstante, las escasas y cortas funciones de obras y escenas en ruso que Chejov llegó a montar en París encontraron apoyo en la prensa francesa políticamente moderada. A pesar de eso, cada producción se veía complicada por las dificultades técnicas y la mala gestión económica.

Pasado un tiempo, con la ayuda monetaria y las capacidades de producción de Georgette Boner, una joven alumna de Max Reinhardt, fundadora del Deutsche Bühne de París, Chejov llegaría a crear su propio teatro, el Chejov-Boner Studio. En noviembre de 1931 se inauguró con una pantomima mística creada e interpretada por el mismo Chejov. Se basaba en el cuento mágico de Alexei Tolstoi *El castillo se despierta*. Sobre la base de un decorado y unos efectos musicales de corte simbolista, junto con unas pautas de movimiento eurítmico, Chejov esperaba que la producción atraería a un amplio público internacional. Para preparar a sus jóvenes actores se crearon decenas de ejercicios y composiciones. Con el fin de evitar el problema de actuar exclusivamente para la comunidad de emigrantes rusos o interpretar con un francés mal pronunciado, Chejov inventó un «lenguaje universal» para *El castillo se despierta*, sobre la base de las ideas de Rudolf Steiner. De hecho, el escaso texto consistía solo en cincuenta líneas de diálogo fragmentado que, aunque había sido «concebido» en alemán, se interpretaba en francés.

Aunque la producción fue muy bien acogida por buena parte de la prensa parisiense y extranjera, las dificultades surgidas en el estreno con el decorado y los tramoyistas, así como el tema místico de la obra, afectaron a la recepción del espectáculo por parte del público aficionado al teatro. Una vez más, el sueño de Chejov fracasaba. Enormemente sensible a las críticas, no volvió a experimentar nunca más con la creación de textos para su «teatro futuro». Después de esta experiencia, además, la antroposofía se convirtió en un aspecto esencialmente privado de su vida y de su trabajo.

Boner y Viktor Gromov, uno de los ayudantes rusos de Chejov, hicieron gestiones para conseguirle un puesto seguro en los teatros estatales de las repúblicas independientes de Letonia y Lituania, en 1932 y 1933. Un grupo de antiguos miembros del Primer Estudio y del Segundo Estudio del Teatro de Arte de Moscú se trasladaron a los Estados bálticos y se unieron a la compañía de Chejov. De regreso a Europa oriental, Chejov volvió a disfrutar durante un breve tiempo del estrellato como actor y como maestro. Con sus actuaciones en ruso, mientras los demás intérpretes actuaban en sus lenguas maternas, Chejov superó al fin en escena las barreras lingüísticas que atormentaron sus primeros años errantes. Pero la amenaza de la guerra y de un golpe de estado fascista, junto con la creciente xenofobia en las repúblicas bálticas, obligaron a Chejov y a sus colegas rusos a volver temporalmente a Europa occidental, y luego, por invitación del empresario teatral Sol Hurok, a Estados Unidos. Rebautizado por Hurok como los «Moscow Art Players», el grupo de Chejov abrió temporada en Broadway en la primavera de 1935. Hurok ignoró las protestas diplomáticas de la embajada soviética en Washington y trató de hacer creer al público que los actores rusos eran el auténtico Teatro de Arte de Moscú. No obstante, el nombre equívoco y la engañosa campaña de publicidad resultaron innecesarios. Las extraordinarias caracterizaciones de Chejov y su magnífica dirección de los clásicos rusos y soviéticos cautivaron a la intelectualidad teatral estadounidense. Un sector del Group Theatre, dirigido por Stella Adler, se planteó pedir a Chejov que ocupara la dirección del grupo, que acababa de quedar vacante (acababan de dimitir Lee Strasberg y Cheryl Crawford). Adler, que el año anterior había trabajado en París con Stanislavski, recordaba el consejo del maestro: buscar a Chejov dondequiera que actuara. Y ahora el apátrida Chejov se le ofrecía en bandeja. En respuesta a la petición del grupo, Chejov dio una conferencia-demostración de su técnica en septiembre de 1935. Mientras Oliver Sayler, experto en teatro ruso, que había visto actuar a Chejov en Moscú en *Noche de Epifanía*, traducía sus palabras, Chejov exponía los elementos básicos de su técnica, especialmente en lo relativo a la caracterización. La sesión tenía especial importancia, pues por primera vez se presentaban explícitamente ejemplos de su trabajo desde su exilio de Moscú.

Chejov afirmó que el resultado final de toda preparación del actor es el desarrollo del personaje escénico. Observó que el actor de Stanislavski habría sido enseñado a crear su papel sobre la base de las similitudes entre su historia personal y la del personaje de la obra. Pero esta constante repetición de la propia naturaleza del actor para crear distintos papeles a lo largo de los años era la causa de una progresiva «degeneración de talento». Se recurre cada vez menos a los medios creativos. Con el tiempo, el actor empieza a imitarse a sí mismo y a basarse, mayoritariamente, en la repetición de amaneramientos personales y clichés escénicos. Al igual que Stanislavski y Vajtangov, Chejov había abordado un problema fundamental del trabajo del actor: la limitada variedad de caracterizaciones del actor corriente. Sin embargo, las soluciones que Chejov expuso en la conferencia de 1935 diferían notablemente de las de aquellos.

Como antes había sucedido en Moscú con Stanislavski y el Teatro de Arte, hubo dudas en el Group Theatre sobre cómo reaccionar ante las explicaciones de la técnica de Chejov. Sus extraordinarias dotes actorales eran indiscutibles, pero se planteaba otra cuestión: ¿era posible enseñar su técnica? Stella Adler y Bobby Lewis estaban entusiasmados con muchos de los conceptos de Chejov, algunos de los cuales emplearían más tarde en sus propias clases. Pero a la mayoría del grupo le parecieron demasiado extremas las teorías de Chejov. Algunos de sus miembros más izquierdistas, en plan jocoso, llegaron a sugerir que lo devolvieran a Rusia.

Entre bastidores, después del estreno en Broadway de los Moscow Art Players, otra joven actriz estableció contacto con Chejov. Era Beatrice Straight, en quien Chejov encontró al fin a una benefactora sensible y de talento. Junto con su amiga Deirdre Hurst, que pronto se convertiría en la secretaria y asistente editorial de Chejov, Straight invitó a Chejov a Dartington Hall (en Devonshire, Inglaterra), donde se encontraban la residencia de su familia y la sede de una institución educadora progresista. En 1936, entre otros proyectos experimentales relacionados con la agricultura, la música, el sector de pequeñas embarcaciones y la danza moderna, Chejov sentó los cimientos de su nuevo teatro. Allí, en la comunidad utópica de Dartington (creada nueve años antes por los padrastros de Straight, Leonard y Dorothy Elmhirst), el trío formado por Chejov, Straight y Hurst convocó a profesores y alumnos para estudiar la técnica Chejov. Procedentes de Estados Unidos, Inglaterra, Canadá, Australia, Nueva Zelanda, Alemania, Austria, Noruega y Lituania, dos docenas de jóvenes actores se convertirían en los iniciados del sueño que Chejov había mantenido desde hacía veinticinco años, el Teatro Estudio Chejov. Allí, la preparación, que duraba dos años completos, era completa y exhaustiva.

En Inglaterra, Chejov dio la vuelta completamente a gran parte de las técnicas del sistema de Stanislavski. Como siempre, le preocupaba sobre todo la especial naturaleza física del movimiento del actor y la creación de personajes nuevos y emocionantes. Chejov compartía con

Stanislavski la creencia en el desarrollo de las fuentes de inspiración, sentimiento y expresividad del actor, pero en sus clases explicaba que el estímulo debía empezar siempre fuera del mundo privado e interiorizado del intérprete. En Dartington, unos sencillos ejercicios sobre «los cuatro hermanos» (los sentimientos de facilidad, forma, belleza y globalidad) adiestraban al actor con movimientos psicofísicos especiales, que lo obligaban a pensar sobre su cuerpo en el espacio teatral como lo haría un coreógrafo o un bailarín.

La innovación más radical de Chejov en Dartington fue el desarrollo ulterior de sus alternativas a los conceptos estanislavsquianos de recuerdo sensorial y memoria afectiva. La estimulación sensorial provenía de la creación de atmósferas y cualidades, o expresiones externas que, al sumarse al movimiento, provocaban los sentimientos representados por los gestos. Por ejemplo, para crear la ira en su personaje, a un estudiante se le diría simplemente que debe «incorporar la cualidad de la ira» a su gesto o movimiento, en lugar de buscar una motivación anterior o interior.

Para los alumnos de Chejov, la memoria afectiva de Stanislavski era reemplazada por la unión de imaginación, atmósferas y cualidades. Por ejemplo, para despertar o captar la sensación de tristeza, se pedía a los actores que hicieran lo siguiente: (1) imaginar los lamentos de dolor de una familia campesina que llora por la muerte accidental y estremecedora de un muchacho y una muchacha; (2) caminar a través de la atmósfera de una aldea devastada por una inundación; o (3) sentarse y levantarse con una «cualidad de tristeza». De este modo, Chejov sentía que sus intérpretes podían producir unas expresiones emocionales más poderosas e individualizadas, sin tener que evocar conscientemente los recuerdos de experiencias personales, difíciles de controlar.

El período de Dartington (1936-1939) constituyó para profesores y alumnos una época creativa y feliz, con grandes e intensas aspiraciones artísticas. Famosas personalidades del mundo del teatro y de la danza, como Uday Shankar, fueron invitadas a las clases, pero la creación de un grupo profesional de teatro en Inglaterra nunca llegó a materializarse. Había otros problemas. Pese a su dominio del inglés en solo seis meses, Chejov se negaba a actuar en los escenarios británicos. Después, las expectativas de guerra de Inglaterra con Alemania en 1939 llevaron al Teatro Estudio de Chejov a interrumpir sus actividades y reinstalarse al otro lado del Atlántico, en Ridgefield, Connecticut, una comunidad rural no lejos de la ciudad de Nueva York.

Las condiciones bucólicas del Estudio de Ridgefield en 1939 eran semejantes a las de Dartington Hall, pero su proximidad con el teatro de Nueva York modificó la forma de pensar de Chejov sobre su escuela y sus medios de instrucción. En primer lugar, se consideró que el Estudio mejoraría su reputación si tuviera éxito con un espectáculo en Nueva York. Así pues, Chejov, en cooperación con

George Shdanoff, amigo y director, montó una gran producción en Broadway sobre una adaptación de *Los demonios* de Dostoievski. Se decidió en dicha producción que participarían los actores de su Estudio –incluidos sus recientes alumnos americanos–, pero el propio Chejov no actuaría. Mas el montaje de *Los demonios* no sirvió para demostrar las especiales cualidades actorales del Teatro Estudio de Chejov ni sus capacidades para las relaciones públicas. Fue comparado, en términos desfavorables, con el trabajo colectivo del Theatre Guild y del Group Theatre. Muy pocos críticos valoraron el esfuerzo como la primera realización teatral de un nuevo y joven grupo estadounidense. Si la precipitada puesta en escena de *Los demonios* hubiera tenido éxito, la técnica de Chejov hubiera podido obtener un inmediato y amplio apoyo en la comunidad teatral de Nueva York.

Afectado pero no vencido por el fracaso comercial de *Los demonios*, el Teatro Estudio de Chejov llevó a cabo nuevas producciones. Entre 1940 y 1942, el Estudio organizó tres ambiciosas temporadas de obras y comedias clásicas, que obtuvieron un gran éxito. Con este repertorio, los jóvenes actores hicieron gira fuera de Nueva York, por Nueva Inglaterra, el «medio oeste» [región central de Estados Unidos] y el «profundo sur» [sureste del país]. La mayoría de las ciudades incluidas en el itinerario no habían presenciado representaciones teatrales serias desde los tiempos de las giras teatrales de las compañías ambulantes tradicionales en la década de 1910 y principios de los años veinte. Prácticamente todos los periódicos locales resaltaron la inusual calidad de los actores. Un joven y vibrante Yul Brynner actuaba en el *Rey Lear* del Estudio. En este grupo lleno de talentos figuraba también Hurd Hatfield y Beatrice Straight, con Ford Rainey en el papel principal. No obstante, su primer fracaso en Broadway obsesionaba a Chejov, tanto que pensó en llevar su Estudio a Nueva York con el fin de dar clases especiales a actores profesionales.

En el otoño de 1941, un segundo Teatro Estudio Chejov abrió sus puertas en la calle 56 de Nueva York. El cambio en el orden de prioridades en favor de Manhattan llevó a Chejov a un punto crítico en su larga e impredecible carrera. ¿Era principalmente un profesor, un actor o un director? Había pasado más de una década desde que los críticos teatrales de Moscú y Berlín lo habían colmado de alabanzas como actor. Pero Chejov estaba decidido a cambiar el estilo de actuación vigente en Estados Unidos. En su Estudio, los actores de Broadway podían reciclarse con su nueva técnica. Chejov estaba convencido de que desde allí podía ejercer una influencia directa sobre el teatro estadounidense.

Además de las clases sobre la técnica Chejov (impartidas por él mismo y por George Shdanoff, Alan Harkness, Beatrice Straight y Deirdre Hurst), en el Chekhov Theatre Studio de Manhattan se ofrecía todo un plan de estudios que incluía preparación de la voz, euritmia, apreciación musical, canto coral, esgrima, gimnasia y maquillaje. Las dos clases semanales de dos horas para actores profesionales, no obstante, ocupaban un lugar especial en la mente de Chejov. En ellas esperaba perfeccionar y extraer todos los elementos de su técnica, en particular los relacionados con el gesto psicológico, su última y más discutida aportación al trabajo del actor.

Chejov creía que el gesto psicológico era la clave del subconsciente del actor. El gesto psicológico, movimiento o acción concentrada y repetible, despierta la vida interior del actor y su imagen cinética lo sustenta mientras actúa en escena. Cada personaje, según Chejov, posee un único gesto psicológico, que revela lo más secreto y lo más recóndito de sus motivaciones y de su personalidad. Antes de nada, el actor debe desentrañar ese gesto psicológico de su personaje. «A través de ese gesto psicológico –escribió Chejov–, se encuentran el alma del personaje y el cuerpo físico del intérprete.

En octubre de 1942, los «Teatro Estudio» de Chejov se disolvieron debido al reclutamiento militar obligatorio, que absorbió rápidamente a la mayoría de los jóvenes actores, así como por los crecientes problemas económicos. Junto con su esposa Xenia, Chejov se trasladó a Los Ángeles, donde comenzó una nueva carrera en el cine estadounidense. Entre 1943 y 1954, Chejov intervino como actor característico en nueve películas de Hollywood. Se le consideraba básicamente un personaje cómico o un excéntrico tipo europeo oriental. En la película *Cross My Heart*, Chejov fue contratado, como no podía ser menos, para hacer de actor ruso loco. El personaje de Chejov, en el papel de Hamlet, ha matado ya a un intérprete de Claudio y trata de asesinar a otros que no tienen la fortuna de interpretar el papel del rey. En 1945, tras recibir una nominación de la Academia de Hollywood por su interpretación del psicoanalista en *Recuerda* (*Spellbound*), de Alfred Hitchcock, Chejov vuelve a enseñar su técnica a jóvenes actores de Hollywood. Marilyn Monroe, Jack Palance, Anthony Quinn, Mala Powers, John Dehner, John Abbot y Akim Tamiroff formaron parte de su pequeño cuadro de alumnos. El 30 de septiembre de 1955, a los 64 años de edad, Chejov fallece de un ataque al corazón en su casa de Beverly Hills.

La historia de este libro

En 1941, decidido a promover lo más posible la técnica Chejov, Eugene Somoff, el director ejecutivo del Chekhov Theatre Studio, animó a este a centrar sus esfuerzos en terminar un manual sobre técnica y estilo de actuación. Chejov había escrito una autobiografía en 1924 y una docena de artículos para publicaciones y antologías teatrales soviéticas en los años veinte, pero en otros lugares del mundo solo habían aparecido fragmentos de su pensamiento. En 1931, en el Estudio Chejov-Boner de París, había empezado a trabajar con Boner en un amplio proyecto de escritura, en alemán, con el objetivo de llegar a una definición de su técnica, pero no llegó a elaborarse un manuscrito publicable. Desde principios de 1935, en Dartington Hall, hasta los últimos días del Teatro Estudio Chejov siete años más tarde, Deirdre Hurst, casada con Edgar du Prey en 1942, tomó notas taquigráficas de las conferencias y sesiones de ejercicios de Chejov en inglés. Estas transcripciones, que ocupan cientos de páginas, constituirían la base del texto de Chejov titulado *Michael Chekhov: To the Actor –Some New Ideas on Acting* (*with Exercises*) [Michael Chejov: Al actor –Algunas nuevas ideas sobre la actuación (con ejercicios)].

Se entregó un folleto de presentación escrito por Chejov a Dorothy y Leonard Elmhirst en 1937, en Dartington. Estos lo animaron a continuar y, dos años más tarde, en Ridgefield, apareció en forma de manuscrito una recopilación más completa de las teorías y el trabajo de Chejov. Estos primeros intentos constituían para él, ante todo, un recurso privado para consolidar su pensamiento hasta convertirlo en un sistema integral.

Finalmente, en 1942, con la ayuda de dos antiguos estudiantes, Paul Marshall Allan y Hurd Hartfield, y con Deirdre Hurst, Chejov completó una tercera versión de *Michael Chejov: To the Actor*, con la extensión propia de un libro. En una carta a Deirdre Hurst du Prey, escrita desde Hollywood el 21 de febrero de 1946, Chejov decía: «Mi inglés es tan malo como siempre, y fue únicamente mi confianza en ti –en que tú me entenderías– lo que me dio libertad para expresarme sin ninguna dificultad interior».

El artista ruso Nikolai Remisoff, amigo íntimo de Chejov,

hizo las ilustraciones de los gestos psicológicos. Conocida como la «versión 1942», fue presentada a varias grandes editoriales y a editores influyentes de Nueva York, así como a algunos agentes de Hollywood que simpatizaban con las ideas de Chejov. No obstante, con el argumento de las restricciones que la guerra imponía a las actividades editoriales, la mayoría de estos lectores, aunque expresaron interés por el tema, finalmente rehusaron publicarlo.

Chejov, que atribuía el fracaso de *Michael Chejov: To the Actor* en gran parte a su inglés escrito de estilo demasiado formal, tradujo el texto al ruso en 1945. Apareció un año después en una edición privada, *O Tekhnike Aktera*, que Chejov, tras correr él mismo con los gastos, envió a las bibliotecas de Estados Unidos y a los departamentos universitarios de literaturas eslavas. Luego volvió a traducir sus capítulos rusos al inglés y volvió a enviarlos a una serie de editoriales estadounidenses, entre ellas Theatre Arts Books, que había editado con éxito varias traducciones de obras de Stanislavski. Pero de nuevo la «versión 1942» le fue devuelta con cartas de aliento y diplomáticas notas de rechazo.

En 1952, Charles Leonard, productor y director de Hollywood, reeditó el manuscrito de Chejov, titulado simplemente *To the Actor* (*Al actor*), para Harper Brothers Publishers. Esposo de Betty Raskin, representante e íntima amiga de Chejov, Leonard recibió carta blanca de un Chejov ya enfermo. En una edición muy mutilada, en la que se suprimieron muchas de las explicaciones y ejemplos espirituales y artísticos de Chejov, *Al actor* proporcionó a los jóvenes actores estadounidenses de posguerra una visión compacta y ahistórica de una técnica de preparación actoral no basada en el «Método». A diferencia de la versión rusa de *O Tekhnike Aktera*, el texto de Harper Brothers tuvo una buena distribución y fue objeto de considerable atención por parte de la comunidad teatral. Además, una nota de apoyo en la sobrecubierta del libro, escrita por Gregory Peck, y una introducción de Yul Brynner contribuyeron enormemente a popularizar el nombre y la reputación final de Chejov. Cinco años después de su muerte, en 1955, Leonard volvió a insertar algunas de las ideas escénicas y anécdotas teatrales de Chejov anteriormente suprimidas, en un libro de recopilación titulado *Michael Chekhov's To the Director and Playwright* (*Michael Chejov: Al director y al dramaturgo*) (Harper & Row: Nueva York, 1963).

On the Technique of Acting (*Sobre la técnica de la actuación*) es una versión ligeramente corregida del texto original de Chejov de 1942. Contiene todos los ejercicios actorales y los relatos personales que habían sido suprimidos en la edición de *Al actor* de 1953. Se han añadido un prefacio de Mala Powers y, a modo de epílogo, su descripción de las clases de Chejov en Hollywood. Se han suprimido algunos párrafos y un capítulo sobre composición dramática, en parte porque no tienen relación directa con la técnica de formación actoral de Chejov y en parte porque ya aparece íntegro en *Al actor*. Algunas de las expresiones escritas y de las palabras elegidas por Chejov se han modificado con el propósito de reflejar su excepcional estilo de presentación en el aula (según la transcripción de Deirdre Hurst du Prey), más que sus indicaciones intencionadamente formales y un tanto librescas. *Sobre la técnica de la actuación* ofrece por fin al lector la voz, verdadera y práctica, de Michael Chejov.

MEL GORDON
Febrero de 1991

Prefacio
El mapa de Michael Chejov
para una actuación inspirada
por Mala Powers

En 1949 asistí a las clases de Michael Chejov para actores profesionales, que se celebraban una vez por semana en la casa del actor Akim Tamiroff en Beverly Hills, California. Poco después empecé a estudiar también en clases particulares con Chejov. En una ocasión, al llegar a su casa para asistir a su clase, Mischa, como ya entonces lo llamaba, me dio su «Mapa para una actuación inspirada» dibujado a mano, del que se reproduce una versión en la página 51. Me dijo que se trataba de una especie de resumen de su técnica.

Mischa, de pie en medio del salón de su casa, dibujó un círculo imaginario a su alrededor y me explicó que ese mapa representaba ese círculo dibujado en torno al actor. Me pidió que imaginara que todas las técnicas mencionadas en el mapa –atmósfera, caracterización, cualidades, etcétera– eran como bombillas en la circunferencia del círculo. Decía que, cuando la inspiración «golpea», todas las bombillas se encendían al instante, se iluminaban.

«No obstante, la inspiración no se puede imponer –insistía Mischa–, es caprichosa. Por eso el actor debe tener siempre una sólida técnica en la que apoyarse.»

Chejov explicaba a continuación que cada una de las «bombillas» es un punto del método, uno de los elementos presentes en una actuación de verdadera calidad.

Cuando practicamos un punto de la técnica, la «atmósfera» por ejemplo, podemos adquirir tanta destreza para invocarla que la «bombilla de la atmósfera» se enciende. Aprendemos a encenderla cuando queramos. Después, ejercitamos otro punto, por ejemplo la «irradiación», hasta que somos tan fuertes con esta herramienta que la «bombilla de la irradiación» se ilumina. A medida que dominemos las distintas técnicas, enseguida comprobaremos que, con solo iluminar conscientemente dos o tres bombillas, se produce una reacción en cadena y se encienden varias «bombillas» más sin que en ningún momento tengamos que prestarles una atención especial. Cuando un número suficiente de estas bombillas brillan con toda su intensidad, vemos que la inspiración surge con mucha mayor frecuencia que antes.

Los siguientes resúmenes de los distintos puntos de la técnica de Michael Chejov para actores pueden ser útiles para el estudiante y pueden servir también como una especie de «lista de comprobación» para el actor profesional.

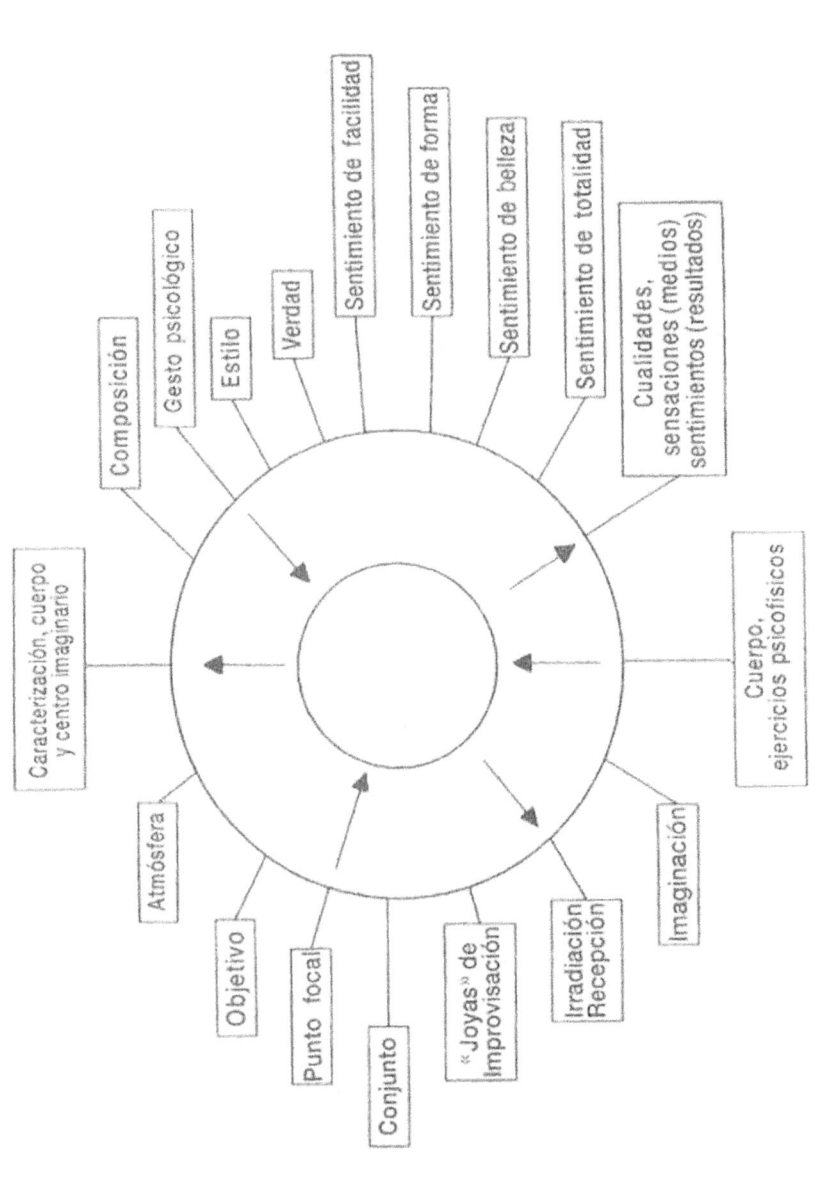

Caracterización (cuerpo y centro imaginario)

Para crear personajes con rasgos físicos distintos de los suyos, el actor debe visualizar primero un cuerpo imaginario. Este cuerpo imaginario pertenece a su personaje, pero el actor puede aprender a habitarlo. Mediante la práctica constante, el intérprete puede dar la impresión de cambiar la altura y la forma de su cuerpo y transformarse físicamente en el personaje. Asimismo, todo personaje tiene un centro. Este centro es una zona imaginaria dentro o fuera del cuerpo, donde se originan los impulsos del personaje con respecto a cualquier movimiento. El impulso desde este centro inicia todos los gestos y hace que el cuerpo se mueva hacia delante o hacia atrás, se siente, camine, se levante, etcétera. Un personaje orgulloso, por ejemplo, puede tener su centro en el mentón o en el cuello, mientras que un personaje curioso puede tenerlo en la punta de la nariz. El centro puede tener cualquier forma o tamaño, color o consistencia. Un único personaje puede incluso tener más de un centro. Encontrar el centro de un personaje puede llevarnos a comprender toda su personalidad y su aspecto físico. (Capítulos 4 y 6)

Composición

En la naturaleza y en el arte, hay leyes y principios matemáticos que estructuran y equilibran la forma. Este sentimiento de composición crea contornos e impide que la expresión de ideas, diálogos, movimientos, colores, formas y sonidos sea tan solo una monótona acumulación de impresiones y acontecimientos. El sentido de la composición introduce al artista y al espectador en el ámbito de la creatividad y la comprensión. (Capítulo 8)

Gesto psicológico
Este es un movimiento que encarna la psicología y el objetivo de un personaje. Cuando se utiliza el cuerpo entero del actor y el gesto se ejecuta con la máxima intensidad, proporciona al actor la estructura básica del personaje y al mismo tiempo puede situar al actor en los distintos estados de ánimo exigidos por el texto. (Capítulo 5)

Sentimiento de estilo
Todo en el escenario es irreal. Un actor que trabaja con un sentimiento de estilo trata de captar la naturaleza especial de una obra de teatro, de un guión de cine o de una escena, en lugar de esforzarse por lograr un superficial sentido de «realidad». La tragedia, el drama, el melodrama, la farsa, la comedia y el circo son categorías o modos estilísticos que requieren experiencias autónomas y precisas. (Capítulo 7)

Sentimiento de verdad
Se trata de «abrirte», desarrollar tu sensibilidad con res-

pecto a un comportamiento veraz durante tu actuación. La verdad tiene varias facetas: (1) verdad individual o psicológica: «Mis movimientos y mi lenguaje son verdaderos para mí mismo, para mi psicología»; (2) ser veraz con respecto a las circunstancias concretas del guión; (3) verdad histórica: al interpretar obras que reflejen un determinado período, no pasar por alto el sentido de estilo de la época; también debemos penetrar en el estilo del país donde se desarrolla la acción; (4) verdad estilística: experimentar el estilo de la obra –tragedia, comedia, farsa, drama, etcétera–; además, debemos aprender a experimentar otros matices de estilo adicionales a esas categorías de teatro –brechtiano, shakespeariano, etcétera–; (5) ser veraces con respecto al personaje. Esto es distinto en cada papel. El personaje lo dicta y el actor debe ser cada vez más receptivo a lo que el personaje le muestra sobre sí mismo; (6) la verdad de la relación: las diferencias a menudo sutiles y la actitud de un personaje con respecto a cada uno de los demás personajes que lo rodean.

Sentimiento de facilidad
Es una excelente alternativa a la técnica de relajación de Stanislavski. Como orientación general, produce sensaciones inmediatas e imágenes viscerales en el actor y le permite eludir el proceso intelectual y consciente de interpretación de una orden. Por ejemplo, se puede pedir

al actor que se siente «con un sentimiento de facilidad», en vez de «relajarse». El actor puede realizar rápidamente la primera indicación, pero tiene que pararse a pensar sobre la segunda. (Capítulo 4)

Sentimiento de forma
El actor debe ser sensible a la forma de su propio cuerpo, así como a su propio movimiento a través del espacio. Como un coreógrafo o un escultor, el actor moldea formas corporales. Cuando el actor despierta este sentimiento con respecto a la forma y el movimiento escultural de su cuerpo, mejora su capacidad para influir sobre su cuerpo de las formas más expresivas posibles. Esta conciencia especial se denomina sentimiento de forma. (Capítulo 4)

Sentimiento de belleza
Dentro de cada artista, a menudo profundamente escondido, hay un manantial de belleza viva y de armonía creativa. Tomar conciencia de esta belleza interior del ser supone un primer paso para el actor, que puede entonces permitir que esta belleza impregne todas sus expresiones, movimientos y caracterizaciones –incluso en sus aspectos «feos»–. La belleza es una de las más destacadas cualidades que distinguen a todas las grandes obras de arte. (Capítulo 4)

El sentimiento de globalidad (o totalidad)

Una creación artística debe tener una forma acabada: un principio, un punto medio y un fin. Al mismo tiempo, todo en el escenario o en la pantalla debe transmitir este sentido de totalidad estética. Este sentimiento de totalidad es percibido intensamente por el público y debe convertirse en una segunda naturaleza del intérprete. Puede aplicarse a un espectáculo en su conjunto, a una escena o a un único monólogo. (Capítulo 4)

Cualidades (sensaciones y sentimientos)

Los sentimientos no pueden imponerse, solo pueden ser inducidos. Los medios de los que disponemos para inducir los sentimientos son las cualidades y las sensaciones. Las cualidades nos son inmediatamente accesibles –especialmente por lo que se refiere a nuestros movimientos–. Podemos mover inmediatamente los brazos y las manos con la cualidad de la ternura, la alegría, la ira, la sospecha, la tristeza, la impaciencia, etcétera, incluso aunque no experimentemos el sentimiento de ternura, alegría o ira. Después de movernos con una de esas cualidades, tarde o temprano observaremos que experimentamos la sensación de ternura y enseguida esa sensación suscitará una verdadera emoción o sentimiento de ternura en nuestro interior. (Capítulo 3)

Cuerpo (ejercicios psicofísicos)
El cuerpo y la mente del ser humano son inseparables. Ningún trabajo del actor es completamente psicológico ni exclusivamente físico. Siempre se debe dejar que el cuerpo físico del actor (y del personaje) influyan sobre la psicología y viceversa. Por este motivo, todos los ejercicios del actor deben ser psicofísicos y no deben ejecutarse de forma mecánica. (Capítulo 6)

Imaginación
Casi toda actuación es el resultado de la capacidad del intérprete de imaginar y reproducir la realidad de la ficción de la obra en el escenario o en la pantalla. Cuanto más pueda un actor estimular y entrenar su imaginación y su fantasía, mayor será su poder para comunicar la profundidad y el significado del personaje. (Capítulo 1)

Irradiación/recepción
La irradiación es la capacidad de emitir la esencia invisible de cualquier cualidad, emoción o pensamiento que queramos. Debe emitirse con gran intensidad. La irradiación es una actividad de nuestra «voluntad». Podemos incluso «irradiar» conscientemente la presencia de nuestro personaje en escena o en el plató antes de hacer una entrada. El «carisma» de un actor o una actriz en escena o en la pantalla se corresponde con el grado de irradiación

puramente invisible que es capaz de lograr. Algunas personas tienen esta capacidad de forma natural, mientras que otras tienen que dedicar mucho tiempo a la «irradiación» para poder desarrollar esa capacidad. La recepción tiene un efecto tan fuerte como la irradiación, pero en lugar de «emitir» cualidades, pensamientos y sentimientos, el personaje los «extrae» de otros personajes, de las atmósferas, del público, de todas partes. El actor debe desarrollar esta capacidad con toda la intensidad posible, igual que con la irradiación. Es importante que preguntes a cada personaje que interpretes: ¿Eres principalmente un «personaje irradiante» o un «personaje receptor»? Ten en cuenta que los «personajes irradiantes» pasarán a ser potentes «receptores» en determinadas escenas y viceversa. (Capítulo 4)

Improvisación y «joyas»
Además de utilizar la improvisación en el trabajo preparatorio, Chejov sugería que la improvisación es también importante durante las etapas finales de trabajo sobre un papel. Cuando ya hayas construido tus «andamios» –cuando hayas establecido tu caracterización y hayas memorizado a fondo tus textos, tus secuencias de actividad y tus secciones emocionales–, vuelve a improvisar. Repite tus textos o ignóralos por completo, puedes incluso dejar que tu personaje diga el «subtexto» (lo que realmente piensa). Modifica sus acciones o emplea acciones total-

mente distintas y presta especial atención a «cómo» desarrolla tu personaje esas acciones. Toma nota de todo aquello de lo que tu personaje es consciente, lo que ve o lo que oye, o aquello a lo que presta una atención momentánea mientras la escena prosigue. Ensayar actividades inventadas hará que resulte más fácil desarrollar las «joyas» de una actuación: los matices y los pequeños momentos fulgurantes, únicos, memorables, que constituyen un placer tanto para ti como para el público.

Conjunto
El teatro es un arte colectivo. La forma en que uno desarrolla una actuación durante los ensayos se refleja casi siempre en el espectáculo. Cuando los actores son artísticamente abiertos y sintonizan bien unos con otros, toda la experiencia teatral adquiere mayor intensidad, tanto para el artista como para el público. Las atmósferas son más potentes, la relación entre los personajes es más sólida y más nítida, incluso la «sincronización» del actor [su *timing*] y el ritmo de las escenas resultan más fluidos y más vivos. Un sentido de conjunto permite también a los actores irradiar un sentimiento de control artístico y transmitir la potencia del espíritu humano. (Capítulo 7)

Punto focal
No todo lo que entra en una escena tiene la misma im-

portancia. Por lo general, el director debe ser el responsable del punto focal (aquello en lo que desea que el público centre su atención en cada momento), pero el actor debe ser consciente también de los momentos más importantes de un texto. El actor debe conocer qué momentos son más importantes para su propio personaje. Cómo centrar la atención del público en esos momentos constituye para el actor una tarea realmente creativa. Para comunicarse con el público, el actor puede tomar la decisión de acentuar sutilmente (o irradiar) un gesto, o levantar un párpado, en lugar de resaltar o apoyarse en el texto hablado. Una pausa o un pequeño movimiento inesperado de los hombros puede crear también el punto focal y atraer la atención del público para lograr la comunicación deseada. (Capítulo 7)

Objetivo
Es el propósito o la meta hacia donde se dirige tu personaje. Cada personaje tiene un objetivo y un superobjetivo. Un ejemplo de superobjetivo podría ser: «Quiero servir a la humanidad». Un ejemplo de objetivo podría ser: «Quiero mantener la paz entre estas personas concretas». Idealmente, todos los objetivos deberían empezar con un «Quiero...» seguido por un verbo «actuable». (Capítulo 7)

Atmósfera
Las atmósferas son medios sensoriales, como la niebla, el

agua, la oscuridad o la confusión, que impregnan los entornos e irradian de las personas. En el escenario, la intensidad de las atmósferas llena el teatro; cuando el actor absorbe las oleadas invisibles de las atmósferas y las irradia hacia el público, esto afecta inconscientemente tanto al intérprete como al espectador. Aunque no pueden verse, las atmósferas pueden sentirse intensamente y constituyen un medio fundamental de comunicación teatral. La atmósfera de una catedral gótica, de un hospital, de un cementerio, influye sobre cualquiera que se adentre en esos espacios. Se ven envueltos en la atmósfera. Las personas también emiten atmósferas personales de tensión, odio, amor, miedo, estupidez, etcétera. La obra o el director sugieren la atmósfera de una escena y los intérpretes trabajan juntos para crearla y mantenerla; están, a su vez, sometidos a su influencia. (Capítulo 3)

Imaginación y concentración

> El hombre se siente más joven cuanto más entra en el mundo de la imaginación. Entonces sabe que era solo el intelecto lo que anquilosaba y envejecía la expresión de su alma.
>
> RUDOLF MEYER

La imaginación creativa

De noche, cuando nos encontramos solos en nuestros dormitorios, surgen a menudo en la oscuridad unas nítidas imágenes. Ante nuestra mente aparecen misteriosamente los acontecimientos del día. Los rostros de las personas que hemos visto, sus conversaciones y gestos peculiares, las calles de una ciudad o los prados del campo se dejan ver de forma repentina. La mayoría de las veces, miramos de forma pasiva esas imágenes familiares, pero entre ellas aparecen extrañas visiones, que nos resultan desconocidas. Escenas, estados de ánimo, sucesos y personas con las que no tenemos ninguna relación se entremezclan con nuestras imágenes mentales cotidianas y se ramifican en todas direcciones. Las nuevas imágenes parecen desarrollarse y transformarse con independencia de nuestro control o nuestros deseos. Cuanto esto sucede, entramos en otro ámbito.

Podemos observar entonces cómo vamos tras los pasos de algún misterioso fantasma, resolvemos problemas inexistentes o viajamos por un país extranjero; hablamos con extraños, vemos cómo lo fantástico surge de ninguna parte, de un modo que a menudo nos atrae, que a veces nos repugna. Vemos suceder cosas; «espiamos» situaciones completas que se desarrollan desde la nada. Las curiosas imágenes adquieren cada vez más intensidad, a veces nos hacen reír a carcajadas o nos hacen llorar, nos causan alegría o tristeza. Al final se han puesto en juego todos nuestros sentimientos.

Las fugaces visiones de ese territorio extraño nos llevan a pensar que nuestras imágenes tienen una cierta existencia propia, que vienen de otro mundo. Esto se pone de manifiesto incluso cuando nos preparamos para interpretar un trabajo consciente sobre nuestra imaginación creativa. Artistas de todas las disciplinas afirman que tales imágenes los rodean no solo al terminar el día, cuando llegan la soledad y la noche, sino también a lo largo del día, cuando brilla el sol, en una ciudad bulliciosa o en un pequeño cuarto, en todas partes. Los artistas viven con sus imágenes. Ellos y sus imágenes se pertenecen, tienen una relación de mutua dependencia y, sin embargo, las imágenes tienen una existencia independiente, propia.

El gran director alemán Max Reinhardt confesaba: «Siempre estoy rodeado de imágenes». Charles Dickens escribió en su diario: «¡Llevo toda la mañana sentado en mi estudio, esperando a Oliver Twist, que sigue sin llegar!». Goethe declaró que las imágenes que sirven de inspiración tienen que aparecer ante nosotros como criaturas de Dios, para decirnos: «¡Aquí estamos!». Rafael vio moverse por su habitación una imagen que luego se convertiría, en su lienzo, en la Virgen de la Capilla Sixtina. Miguel Ángel se quejaba con desesperación de que las imágenes lo persiguieran y lo obligaran a esculpir en todo tipo de materiales, incluso en roca viva.

¿Cómo cuestionar la convicción de estos grandes artistas y escritores de que su vida imaginativa procedía de fuera de ellos mismos? ¿No despreciarían la estrecha noción de la creatividad, basada exclusivamente en el recuerdo y el esfuerzo personal? Sin duda pensarían que hoy negamos nuestra comunicación con el mundo objetivo de la imaginación, en abierta contradicción con sus libres incursiones en ese mundo. El impulso creativo de esos maestros era una expansión hacia el mundo que existía más allá de ellos, mientras que nuestro impulso es a menudo una contracción dentro de nosotros mismos.

Los antiguos maestros de las culturas europea y asiática

podrían incluso gritarnos: «Mirad nuestras creaciones. No se limitan a ser reproducciones de nuestras nimias vidas personales, de nuestros deseos o nuestros restringidos entornos propios. A diferencia de los artistas actuales, nos olvidamos de nosotros mismos para convertirnos en servidores conscientes y activos de las imágenes de otro mundo. Es cierto que nos negamos a ser esclavos de esas visiones desorientadas. Pero las incorporamos a nuestro trabajo como una inesperada bendición. ¿Por qué creáis entonces tantos ejemplos de fealdad y enfermedad y tantas caóticas contorsiones? ¿No será sencillamente porque os preocupáis demasiado por vosotros mismos y no por vuestro arte?».

La convicción de que existe un mundo objetivo donde nuestras imágenes tienen una vida independiente amplía nuestro horizonte y fortalece nuestra voluntad creativa. Los artistas crecen y comprenden su talento mediante el desarrollo y la asunción de nuevas concepciones sobre el proceso creativo en el arte. Una de esas nuevas concepciones es la existencia objetiva del mundo de las imágenes creativas del artista. ¿Qué recompensa reciben los artistas que tienen el valor de reconocer la objetividad del mundo de la imaginación? Se autoliberan de la presión constante de una interferencia excesivamente personal e intelectual en el proceso creativo, que en su mayor parte tiene un carácter intensamente personal y se produce en un ámbito más allá del intelecto.

Esperar activamente

Los grandes artistas del pasado y del presente, al reconocer las leyes innatas que rigen la imaginación, aceptan también la necesidad de esperar pacientemente que la imagen madure hasta llegar a su máximo grado de expresividad. Leonardo da Vinci esperó durante años hasta que pudo imaginar la cabeza de Cristo en su «Última cena»; Goethe nos cuenta que llevó consigo durante cuarenta años la idea de una de sus obras, hasta que estuvo en condiciones de ser expresada. Un período de tiempo tan prolongado es, por supuesto, algo irreal para el artista de nuestra época, pero en principio constituye una advertencia para los actores modernos, que en su apresuramiento han perdido contacto con su imaginación y, por tanto, con el proceso de maduración de sus imágenes.

«Mirada» creativa

No supongamos que esta necesidad de esperar, de hacer una pausa interior ante la imagen, es un estado pasivo. Por el contrario, la imaginación realmente despierta se encuentra en un estado de constante y ardiente actividad.

¿Qué hacían los grandes maestros del pasado mientras observaban la maduración de sus imágenes? Colaboraban con ellas a través de su «mirada» ardiente, su atención creativa y apremiante. Veían lo que deseaban ver, y en eso residía el poder de su «mirada», pero también disfrutaban de la actividad independiente de sus imágenes, que bajo esa mirada inquisitiva se transformaban y adquirían nuevas cualidades, sentimientos y deseos, ponían de manifiesto nuevas situaciones, simbolizaban nuevas ideas, revelaban ritmos vigorosos. Trabajaban, por tanto, de manera consciente y mano a mano con sus imágenes (en el capítulo 6 abordaremos el método más apropiado para interrogar a nuestras imágenes).

«Ver» a través de las imágenes

Para los artistas con imaginaciones maduras, las imágenes son seres vivos, tan reales en sus mentes como visibles son físicamente ante nuestros ojos los objetos que nos rodean. A través de la apariencia de estos seres vivos, los artistas «ven» una vida interior. Experimentan con ellos su felicidad y sus penas; ríen y lloran con ellos y comparten el fuego de sus sentimientos.

Veamos, por ejemplo, creaciones como la imagen del rey Lear en el descampado o la del rey Claudio en la capilla. Shakespeare, al observar estas imágenes, debe de haber advertido en ellas una intensa tormenta emocional. Miguel Ángel, al crear su «Moisés», debe de haberse sentido inundado por la potencia interior de su imagen, para llegar a tal extremo de fluidez con la piedra como medio de expresión. No solo «vio» los músculos y los nervios, los pliegues de la ropa, las ondulaciones del pelo y la barba de su «Moisés», sino que también «vio», en su mente, el poderío interior que daba forma a los músculos, los pliegues y las ondulaciones con toda su interacción rítmica. ¿Por qué habría de exclamar Leonardo da Vinci, como hizo en una ocasión, que: «El mayor mártir se encuentra donde más intenso es el poder del sentimiento», si él mismo no se hubiera quemado con la ardiente vida de sus imágenes?

Lo que debe elaborarse en el escenario y mostrarse al público es la vida interior de las imágenes, no los personales e insignificantes recursos de la experiencia del actor. Esa vida es rica y reveladora para el público y para el propio actor. Ethel Boileau escribió: «Verás imágenes como en una visión que se refleja en tu imaginación. Les darás forma, sustancia y realidad, pero nunca estarás seguro del momento de su llegada. Son mayores que tú y, cuando las veas expresar un símbolo, tendrán una vida propia, distinta de la tuya, una vida que no será el reflejo de la tuya. Y entonces te preguntarás: "¿Esto a lo que he dado vida, ¿qué es?". Y cuanto más profundos sean su significado y su importancia, más te plantearás esa pregunta».

Conocimiento a través de las imágenes
La aceptación de este mundo independiente de la imaginación, la capacidad de penetrar, a través de la apariencia externa de la visión, en su ardiente vida interior, el hábito de esperar activamente hasta que la imagen sea la que debe ser, lleva al artista a descubrir cosas nuevas y hasta entonces ocultas. Es indudable que la imagen

de «Moisés» proporcionó a Miguel Ángel una nueva capacidad creativa. «Parsifal me ocupa demasiado, –escribió Richard Wagner– concretamente, una criatura peculiar, una fascinante mujer terrenal y a la vez demoníaca, cada vez más real, aparece ante mí». En esto consiste el proceso de adquisición de nuevos conocimientos a través de la imaginación. Al pintar «La última cena», seguramente Da Vinci aumentó su comprensión de lo divino y pudo así plantear su filosofía privada, según la cual los «hombres buenos» buscan siempre el conocimiento.

Este ansia de conocimiento hace valiente al verdadero artista. Este no se adhiere nunca a la primera imagen que se le aparece, pues sabe que no es necesariamente la más rica ni la más correcta. Sacrifica una imagen por otra más intensa y expresiva, y lo hace una y otra vez, hasta que nuevas y desconocidas visiones lo alcanzan con su irresistible hechizo.

Bien pobre es, ciertamente, la imaginación que deja fría la mente del artista, como pobre en verdad es la sabiduría que afluye a dicho artista cuando lo oímos decir: «He creado mi arte a partir de mis convicciones». ¿No sería mejor, para un artista, decir que ha establecido sus convicciones a partir de su arte? Pero esto solo es cierto en el caso del artista realmente dotado. ¿Acaso no hemos observado que, cuanto menor es el talento de una persona, antes se forma sus «convicciones» y durante más tiempo y con mayor tenacidad se aferra a ellas?

Desarrollar el sentido de verdad

Cuanto más desarrolla el artista su capacidad de imaginar, más se convence de que hay algo en este proceso que, en cierto modo, se asemeja al proceso del pensamiento lógico. Comprueba que, cada vez más, sus imágenes siguen una cierta regularidad interna, aunque siguen siendo totalmente libres y flexibles. Se convierten, según las palabras de Goethe, en «fantasía exacta».

Para el actor tiene gran importancia desarrollar una especie de «instinto», que le indicará cuándo desviarse de la «lógica» correcta de sus imágenes. Limitarse a pensar y razonar no le servirá de ayuda: el principio que cuenta a este respecto es el sentido de verdad. Este sentido se ha perdido en nuestra época, pero es posible volver a desarrollarlo. Es probable que el actor necesite mucho tiempo para percibir en sí mismo unos resultados apreciables, pero el proceso en sí es sencillo y placentero. De nuevo las creaciones de los grandes maestros del pasado pueden ser de gran ayuda para alcanzar esos resultados.

Ejercicio 1

Observa cualquiera de las formas de distintos estilos de arquitectura clásica. Para ello puedes usar simples reproducciones. Estúdialas. Sigue sus líneas, sus formas, sus dimensiones; intenta sentir su peso, la interacción de sus fuerzas de gravedad. Estudia las conexiones entre distintas partes de la forma arquitectónica completa. Trata de adivinar su función, ya sea servir de soporte, levantar, suspender, etcétera. ¿Cuál es el carácter principal del conjunto? ¿Presiona hacia arriba, cubre y protege, se inclina para mantenerse cerca del suelo, desea vibrar, salir volando, estirarse, contraerse? Para este ejercicio no es preciso que estudies ningún libro profesional sobre arquitectura, incluso es preferible que lo hagas de manera libre e intuitiva. Así hallarás muchos modos de penetrar en lo más profundo de la forma arquitectónica y sentirla. Pero, sobre todo, disfruta de su belleza. Luego, cuando ya te hayas convertido en un buen amigo de la obra en su conjunto, hazte la siguiente pregunta, de forma repentina: «¿Qué aspecto tendría si este pilar fuera dos veces más delgado de lo que es, si la torre fuera tres veces más baja, si el arco se volviera cuadrado, el techo plano y la ventana ancha?». Y así sucesivamente. El resultado de estas preguntas te impresionará y a veces incluso te hará reír.

Puedes hacer algo similar con esculturas y pinturas clásicas; trata de cambiar, por ejemplo, sus formas y sus colores.

Ejercicio 2
Vayamos ahora a las obras de Shakespeare: después de leer o estudiar uno de sus dramas, hazte algunas preguntas elementales sobre la trama de la obra. Plantéate, por ejemplo, qué pasaría si Otelo, en medio de la obra, comprendiera de pronto que Yago lo ha engañado. Qué pasaría si la representación que Hamlet organiza en el castillo no impresionara en absoluto a Claudio. Qué pasaría si

Olivia, en *Noche de Epifanía*, estuviera de verdad profundamente impresionada por la muerte de su hermano. Plantéate muchas preguntas parecidas a esas.

Ejercicio 3
El mejor material para desarrollar un buen sentido de la verdad artística nos lo ofrecen los auténticos cuentos populares o de hadas. Estas narraciones muestran los destinos, el sufrimiento, el heroísmo, las caídas, el crecimiento y el desarrollo, los errores, los fracasos internos y las victorias finales de ciertos individuos y de la humanidad. Son verdadera psicología humana, verdadera historia y hacen profecía con imágenes trágicas y humorísticas. Su origen nunca fue puramente estético o poético. Los cuentos de hadas tienen su «lógica» específica porque surgen del tiempo en que la sabiduría de la humanidad se fijaba en las imágenes y en los símbolos que vemos en los cuentos de hadas. No son arbitrarios, pues fueron considerados por los antiguos como la expresión externa de la verdad y de la sabiduría internas. Rudolf Meyer supo manifestarlo con elegancia: «El cuento de hadas, con sus temas antiguos, sobrevive al ascenso y a la caída de las personas y de las distintas visiones del mundo».[1]

Lee o recrea un cuento de hadas, pero no te hagas preguntas como antes. Las imágenes actuarán de *motu proprio*

---

[1] Rudolf Meyer (nacido en 1896) fue un filósofo alemán, célebre en los años veinte; como historiador del arte dedicó especial atención al romanticismo alemán y al arte de la India.

sobre tu subconsciente creativo, hasta inculcar poco a poco en ti un sentido de verdad.

Ahora, si te sientes lo suficientemente avanzado en este terreno, lee las biografías de personas importantes. Para hacer un seguimiento de sus destinos, imagina sus vidas. Deja que sus destinos vivan en ti durante días, incluso semanas. La sabiduría implícita en esos destinos aumentará continuamente y perfeccionará tu sentido de la verdad.

No debes afirmar que no crees en una sabiduría objetiva que interfiera en el destino humano. En tu vida privada puedes creer o no tal cosa, pero como artista, como actor, tienes que aceptar ese punto de vista. En el escenario tienes que tratar con los destinos de tus personajes; si quieres interpretar tu personaje con la maestría adecuada, debes concebirlo como un panorama relacionado con un destino.

Es conveniente que prosigas haciendo estos ejercicios hasta que descubras que las imágenes que se agrupan de forma accidental y arbitraria te afectan como si fueran espectáculos insípidos y superficiales.

Concentración

¿Cómo puede el actor comprender a fondo ese mundo turbulento de ardientes imágenes? ¿De dónde obtendrá la fuerza para fijar estas imágenes móviles y flexibles? La capacidad para concentrar su atención al máximo, esa es su fuerza. Todos tenemos la capacidad de concentrarnos.

Todos la usamos constantemente, ni siquiera podemos cruzar la calle sin ella. Para el proceso creativo, sin embargo, no basta con usar este nivel cotidiano de concentración. Ten en cuenta que no hay límites en cuanto a las posibilidades de desarrollo de este poder.

Ejercicio 4
Empieza por mirar un objeto. Descríbelo para ti, interiormente. ¿Es ancho y bajo? ¿Es largo y alto? ¿Es de madera o de metal? ¿Es fluido, estático o móvil? Centra tu atención en él. Trata de conseguir una continuidad en tu atención. A la vez que te concentras, no pierdas ninguna cualidad ni detalle. Determinadas interrupciones o distracciones afectarán a tu concentración. Evítalas a toda costa y sigue adelante.
Haz lo mismo con un objeto sonoro.

Ejercicio 5
A continuación, concéntrate en cualquier cosa conocida (un objeto o un sonido), que recuerdes pero que no sea perceptible en el momento del ejercicio. Aplica las mismas condiciones del ejercicio anterior.
Ahora imagina y concéntrate en objetos fantásticos: flores, seres vivos, paisajes, formas abstractas, etcétera.
Imagina ruidos, por ejemplo: viento, tormenta, olas, calles atestadas, fábricas, melodías, voces, palabras y frases habladas. Concéntrate en esos ruidos.
Trata de imaginar sonidos fantásticos.

Ejercicio 6

Concéntrate otra vez en los mismos objetos, primero visibles y luego imaginarios. Ahora, abraza interiormente los objetos. Agarra el objeto tanto como puedas, como si lo hicieras con unas «manos invisibles». Envía hacia él todo tu ser interior. Siente tu conexión con el objeto en tus brazos, piernas, torso. Deja que todo tu ser, por así decirlo, participe en este abrazo. Esto te llevará a un sentido de fusión con el objeto. Al mismo tiempo, libera toda tensión física que pueda surgir. La concentración es un acontecimiento interior. Debes mantenerte libre y sin tensiones en tu cuerpo, tus ojos, tu rostro, incluso en tu cerebro.

Ejercicio 7

Procede con todos los ejercicios anteriores de la siguiente manera: cuando sientas que el contacto con el objeto es sólido, cuando lo hayas «agarrado» y sostenido con tus «manos invisibles», empieza a hacer cosas que no guarden relación alguna con el objeto de tu concentración. Comienza a mover cosas en la sala, a hablar con alguien, a buscar algo escondido, a abrir una determinada página de un libro, etcétera. Mientras haces todo eso, trata de mantener los vínculos internos que te conectan con el objeto de tu concentración.

Durante los ejercicios, puedes tener experiencias similares a las que tuviste cuando esperabas durante días, en estado de concentración, que alguien viniera o que algo sucediera, mientras tu vida corriente seguía su curso sin interrupción.

El actor que tiene una buena capacidad de concentración causa en el público una impresión más fuerte, porque toda su actuación adquiere una forma clara, segura y explícita. La imprecisión desaparece de su comportamiento en escena y su presencia sobre el escenario impresiona cada vez más.

Recuerdo una actuación-demostración de gala en la casa de Constantin Stanislavski, ante un público selecto, en una atmósfera festiva. En medio de las sillas había una, reservada para un invitado distinguido a quien Stanislavski había decidido honrar de forma especial. Pero el invitado se retrasaba y la actuación no podía empezar. Impaciente, Stanislavski miraba hacia el telón; toda su atención se centraba en los preparativos que se desarrollaban al otro lado, naturalmente distraído respecto a cualquier otra cosa que sucediera a su alrededor. De pronto, una sonrisa de felicidad iluminó el rostro canoso del viejo maestro. Con los brazos extendidos, avanzó hacia la puerta de entrada, abarrotada de gente, llevó al invitado hasta la silla y, pese a sus humildes protestas, lo obligó a ocupar el lugar de honor y a continuación dio la señal de que se levantara el telón. Todas las miradas estaban puestas en la silla donde se sentaba... ¡el humilde chófer del invitado que tanto tiempo habían esperado!

¡Tan concentrado estaba Stanislavski en el espectáculo, que había olvidado por completo que el invitado especial no era un hombre, sino una mujer! Era el precio que a menudo tenía que pagar Stanislavski por su extraordinario poder de concentración. Así pues, ¡no hagas tus ejercicios de concentración cuando vayas por la calle!

Imaginación y concentración
Cuanto más capaces seamos de mantener un sólido vínculo de concentración con objetos visibles e invisibles hacia alos cuales dirigimos nuestra atención, más cerca estaremos de comprender la naturaleza de la verdadera imaginación. En los siguientes ejercicios se combina la práctica de ambas cosas: concentración e imaginación.

Flexibilidad de las imágenes
Ejercicio 8
Imagina sucesos de movilidad y transformación: un castillo que se transforma en virtud de un hechizo, una pobre mendiga que se convierte en una bruja, una princesa que pasa a ser una araña, un joven que envejece lentamente y viceversa, una semilla que crece hasta convertirse en árbol, un paisaje de invierno que se transforma en uno de verano, y así sucesivamente. No te saltes ninguna de las etapas de la transformación.

El siguiente ejercicio te ayudará a desarrollar la capacidad de esperar activamente, tal como hemos descrito antes.

Ejercicio 9

Toma cualquier episodio de un cuento de hadas. Debes imaginarlo completo. Déjalo hasta el día siguiente y luego vuelve al episodio imaginario. Después de un período de crecimiento secreto, las imágenes habrán pasado a nuevas situaciones, a otras actitudes interiores, y traerán consigo nuevas aportaciones de su propio mundo. Ahora, intenta una elaboración más complicada, más detallada. Antes de poner a un lado las imágenes, debes plantearte unas tareas concretas respecto a ellas, como mostrar más características, mostrar más desarrollo en un sentido positivo o negativo, envejecer, rejuvenecer, volverse más apasionado o más tranquilo; revelar el vestuario, la actitud interior, el tipo de movimiento. Estas cuestiones son arbitrarias. Luego, vuelve a las imágenes al tercer día, al cuarto día, etcétera, para plantearte la realización de nuevas tareas sobre ellas.

Las imágenes de este ejercicio pasan por dos fases: una primera en la que están directamente influidas por tu «mirada» creativa, y una segunda en la que se desarrollan con independencia de tu ayuda.

Descarta las primeras imágenes

Es preciso recordar que hay que tener valor para desechar las primeras imágenes y resistirse a darlas por buenas con demasiada facilidad. Lo que ya se haya encontrado nunca se perderá, sino que se transformará y se purificará en nuestro subconsciente. De este modo, mejorará el nivel de la imaginación del actor y, junto con ello, un deseo de perfección muy poco frecuente entre los actores de nuestra época. También se convertirá en un gran estímulo para que la imaginación nos revele cosas nuevas y desconocidas.

Ejercicio 10
Elige cualquier personaje de una obra o de un cuento. Elabóralo en tu imaginación con la mayor claridad posible. Después de desecharlo y empezar otra vez desde el principio, debes tratar de hacerlo más completo, más expresivo y original.

Debes conocer muy bien la obra o el cuento del que hayas tomado tu imagen, pues de no ser así carecerás del motivo que te puede servir de guía para mejorarlo. La perfección de la imagen debe medirse desde el punto de vista del conjunto de la obra o del cuento al que pertenezca. Cuando deseches tu primera imagen, no la obligues a desaparecer completamente; eso es imposible y además innecesario. Semejante esfuerzo podría incluso interferir en tu intento de crear una segunda y mejor imagen. La primera imagen desaparecerá poco a poco, y quizá por completo, a medida que surja la segunda. Generalmente, la primera imagen deja lo mejor de sí misma en la segunda. Sigue este procedimiento de descartar una imagen tras otra mientras el ejercicio te proporcione satisfacción interior. Luego, toma otra imagen. Haz este ejercicio con toda intensidad, pero sin prisas, durante muchos días.

Una vez que hayas logrado cierta habilidad en el proceso de desechar y mejorar las imágenes, trata de crear una imagen original, real o imaginaria. Trabaja con ella como lo has hecho con las anteriores. En este caso tendrás un criterio distinto para mejorar la imagen. Antes te basabas en la obra o en el cuento como criterio para juzgar si la imagen era realmente perfecta, mientras que ahora tienes que mejorarla según tu propia noción de ella. Es posible que no seas consciente de todos los detalles de la idea que has concebido, pero sentirás que tu gusto artístico te impulsa a cambiar la imagen en tal o cual dirección.

El ego superior

*Cuando era muy joven solía decir: «Yo»;
luego decía: «Yo y Mozart»; luego: «Mozart y yo»;
ahora digo: «Mozart».*

CHARLES GOUNOD

Nuestras naturalezas artísticas tienen dos aspectos: uno meramente suficiente para nuestra existencia corriente y otro de orden superior, que organiza los poderes creativos que hay en nosotros. Al aceptar el mundo objetivo de la imaginación, la interacción independiente de nuestras imágenes y la profundidad de la actividad inconsciente en nuestras vidas creativas, abrimos las muy limitadas fronteras de nuestras «personalidades»; nos enfrentamos con el ego superior.

Ambas funciones son claramente perceptibles en un artista desarrollado. Es muy frecuente que su vida cotidiana sea de una sencillez inesperada, en contraste con su vida profesional en la que destaca su excepcional individualidad. Anton Chejov coleccionaba muy en serio monedas de un kópec; Máximo Gorki no podía soportar que la gente lo mirase; yo he sido testigo de cómo Stanislavski se ponía a limpiar el polvo de sillas, mesas y estanterías de su apartamento, sin que aparentemente hubiera ninguna necesidad; Yevgeny Vajtangov tocaba sencillas melodías a la mandolina durante horas, aunque nunca logró descollar en ese arte.

Pero lo que aviva nuestra imaginación no es el ego habitual; es el otro, el ego superior, el artista que llevamos dentro y que está detrás de todos nuestros procesos creativos. Cuanto más reconozca el artista la presencia en sí mismo de esa función superior, mayor será su influencia sobre su trabajo creativo. Concentrar nuestra conciencia en esa función, ver la concreción de sus poderes y cualidades, es una forma de reforzar nuestra conexión con ella. Veamos, por tanto, las cuatro formas principales en las que nuestro ego superior puede influir en la práctica sobre nuestro trabajo artístico.

Individualidad creativa

Supongamos que un grupo de pintores se sienta ante un mismo paisaje con sus pinturas y cada uno de ellos se compromete a registrar fielmente lo que ve ante sus ojos. ¿Cuál sería el resultado? Saldrían cuadros absolutamente distintos. El motivo es que los artistas no pintaron el paisaje, sino el concepto individual que tenían de él, un concepto posible gracias a la individualidad creativa de cada pintor. Pintaron exactamente el mismo tema, pero no mostraron el paisaje que veían exteriormente; pintaron el paisaje presente en su interior. La voz de la individualidad creativa de cada artista inspiró su interpretación particular. Los cuadros nos dirán que a uno de ellos lo cautivó más la atmósfera del paisaje, a otro, la belleza de forma y línea, a un tercero, el lenguaje de los contrastes, etcétera.

«Cuántas veces se ha escrito Ifigenia y, sin embargo, cada interpretación es distinta —escribió Goethe—. Esto es así porque cada uno ve y expresa el objeto de forma distinta, según su percepción artística.» Lo mismo podemos decir del teatro. A menudo se oye, por ejemplo, que solo existe un Hamlet, el que Shakespeare creó. Pero ¿quién sabe qué era el Hamlet de Shakespeare? El actor que venera a Shakespeare y reproduce sus personajes exactamente, sin desviaciones individuales, puede llegar a ser como el músico que idolatraba a Beethoven hasta tal extremo que al final dejó de tocar su música porque temía reproducir de forma inexacta las ideas del compositor. El actor expresará más adecuadamente su veneración por Shakespeare si deja que la chispa de su propio fuego individual se encienda junto a la llama de este, en vez de «obedecerlo», aduladora y débilmente, con un recitado impersonal del texto del autor desde el escenario.

En una ocasión expuse a un célebre escritor ruso mi concepto teatral sobre Hamlet: que el destino de Hamlet, en mi opinión, estaba encerrado entre dos mundos. Desde su encuentro inicial con el espíritu de su padre, en que toda su actitud se dirige hacia un ser superior y hacia un mundo desconocido, Hamlet termina por mirar hacia el interior de la tumba, en una meditación sobre la nada de la existencia humana. ¡Qué emocionante sería seguir la composición de los acontecimientos del destino de Hamlet, encerrado entre estos dos polos! El famoso escritor me preguntó, con ironía: «¿Cree usted que Shakespeare era de la misma opinión?». No existe respuesta para ese punto de vista seco, intelectualizado. Con toda modestia, el actor debe tener su propio criterio con respecto a lo que va a crear.

En otra ocasión, observé la psicología de un actor que siempre se sentía atraído por personajes malvados, negativos. Era extraño porque cuanto más expresivamente los interpretaba, más simpáticos resultaban, sin perder por ello su carácter inconfundiblemente malvado. Su secreto quedó claro cuando comprendí que el propósito básico de su individualidad creativa era reivindicar la condición humana. En referencia a un escritor francés, Goethe afirmaba: «Ha sido objeto de reconocimiento público no por su valor poético, sino por la grandeza de su carácter, que resalta en todos sus escritos. El estilo del escritor –añadía– es una verdadera expresión de su ser interior». Escuchamos la misma observación cuando Goethe se refiere a Shakespeare como «un ser de orden superior».

Este propósito de nuestra individualidad creativa consiste en no dejarnos confundir por la propaganda, que es una expresión preconcebida, esquemática y fija. Esta confusión puede llevar en el teatro a extremos como el alcanzado en una producción soviética de Hamlet, que ridiculizaba la idea de monarquía, corte y aristocracia. Hamlet era interpretado como un joven brutal y sucio, con la corona torcida y un cerdo chillón debajo del brazo, mientras Ofelia era una prostituta borracha. Pero la verdadera voz de la individualidad creativa no nos lleva, por lo general, a abordar cada papel complicado con la «idea» de interpretar al héroe «simplemente como soy en mi vida diaria», ya sea el personaje Fausto, Lear, Hamlet o cualquier otro. Es una manera de evitar toda forma de abordar el problema, ni más ni menos.

Ejercicios como los siguientes pueden ayudarnos a liberar y estimular nuestra individualidad creativa.

Ejercicio 11
Estudia un personaje que creas que puedes interpretar, hasta familiarizarte con él. Entonces trata de imaginarlo representado por distintos actores a quienes conozcas bien. Mientras observas la interpretación del mismo papel por distintas individualidades creativas, trata de ver dónde reside la diferencia entre sus distintas interpretaciones. ¿Qué rasgos del personaje son más marcados en cada caso? ¿Cuál refleja mayor afinidad y cuál menos? Y así sucesivamente. Poco a poco, empezarás a ver las individualidades creativas de los actores a través de la máscara del personaje.

Para concluir este ejercicio, interpreta el mismo papel en tu imaginación. Aquí sentirás una especie de encuentro con tu propia individualidad creativa, en contraste con todas las demás. Recuerda que no debes analizar tu individualidad creativa, sino limitarte a sentirla.

Ejercicio 12
Elige una actividad muy sencilla, como limpiar una habitación, encontrar un objeto perdido, ordenar la mesa. Repite esta acción un mínimo de veinte o treinta veces. Evita al hacerlo toda repetición. Realiza cada acción de forma nueva, con un enfoque interior renovado. Conserva solo la «actividad» general como columna vertebral del ejercicio.

Al hacer este ejercicio desarrollarás tu originalidad y tu ingenuidad, y con ellas despertarás poco a poco el valor para aplicar tu enfoque individual a todo lo que hagas en escena. En consecuencia, más tarde podrás improvisar en escena con toda libertad y en todo momento. Esto significa que siempre encontrarás formas nuevas, individuales, de llevar a cabo actividades viejas, sin salirte del marco establecido por el director. Descubrirás poco a poco que la verdadera belleza de nuestro arte, si se basa en la actividad de la individualidad creativa, es la improvisación constante.

Discernimiento del bien y del mal
Veamos ahora la segunda función de nuestro ego supe-

rior. Todo en nuestro arte se basa en la dinámica del conflicto constante entre el bien y el mal. Esto puede parecer una obviedad, pero recordemos con qué frecuencia los artistas –lo mismo que las personas normales y corrientes– tienden a venerar el poder como tal y dejarse intoxicar por él, sin distinguir de qué tipo de poder se trata. Es bien sabido que esta aceptación de un control incondicional e ilimitado sobre los demás es dañina para nuestro orden social.

No obstante, al actor, en su propio ámbito de acción, no le parece tan obvio que su personaje pueda resultar plano en escena debido a la incapacidad para distinguir entre el bien y el mal. Pierde la diversidad de matices en su interpretación y lo obliga a expresar de forma rotunda la noción del poder en general. El trabajo del actor se impregna así de todo tipo de clichés, tensiones corporales, etcétera. Pierde de vista el propósito del autor, oculto siempre tras la lucha entre el bien y el mal, cualquiera que sea la forma en que se presente. Mata la dimensión ética de la obra. Hace que tanto él mismo como el autor y la propia representación parezcan ajenos a la época actual, en la que el bien y el mal, lo correcto y lo erróneo, son problemas candentes y elementos motrices: debilita el sentido de la verdad en la sociedad contemporánea. Por otra parte, el bien y el mal, si encuentran respuesta y comprensión, pueden proporcionar al actor la clave del verdadero meollo, la composición dinámica e interna de la obra y de la propia actuación. La capacidad para distinguir entre el bien y el mal es también una función de nuestro ego superior. Esta capacidad puede aumentarse mediante ejercicios.

Ejercicio 13

De nuevo has de apelar a tu imaginación creativa, pero esta vez tu tarea consistirá en averiguar qué tipo concreto de impulsos positivos o negativos están en conflicto en una obra. ¿Qué clase de mal representan el rey Claudio, Cornwall, Edmundo, Yago, Polonio, Ricardo III? ¿En qué medida y de qué modo son positivos los personajes que se les oponen? ¿Cómo se expresa esa oposición? ¿Qué posibilidades de cualidades positivas hay en el rey Claudio, en Calibán y en Rosencrantz? ¿Dónde reside el encanto de Edmundo, Yago, Malvolio, Falstaff, la reina Ana y Gertrudis?

Mediante este ejercicio, además de aclarar innumerables matices, verás también el significado del disfraz artístico, cuando el mal se esconde tras la máscara del bien y el bien se vislumbra a través de la máscara del mal. Verás que en el escenario nunca puede haber bien y mal absolutos. De igual modo, no puede haber nunca un poder indiferenciado. Cada manifestación de poder habla sobre una forma definida de bien y mal, cuya variedad e interrelación son ilimitadas.

Vida contemporánea

Hablemos ahora de la tercera función de nuestro ego

superior. Dado que la vida, especialmente nuestra vida contemporánea, es la manifestación de una enorme guerra entre el bien y el mal, expresada con innumerables variaciones, el actor debe preguntarse cómo relacionar su arte con este panorama de lucha. Por mediación del espectador podremos encontrar un enfoque creativo completo que nos permita enlazar con el mundo y sus tiempos.

En una ocasión le preguntaron a Vajtangov cómo se materializaban en la obra sus sugerencias como director, de modo que se pudieran «transmitir» inevitablemente al público. Su respuesta fue: «Yo nunca dirijo en una sala sin público. Desde el primer ensayo, me imagino el teatro lleno de espectadores. Al plantear mis sugerencias o al mostrar al actor tal o cual pasaje de la obra, "oigo" y "veo" claramente la reacción del público imaginario y cuento con ella. Muy a menudo me peleo con el público imaginario e insisto en mi punto de vista». Vajtangov sabía perfectamente que la gente desea a menudo experimentar algo distinto de lo que necesita experimentar.

Un ejemplo opuesto lo tenemos en el caso de un conocido dramaturgo que leía su nueva obra a un grupo de amigos. Empezó a leer tranquilo y seguro, con claridad y expresividad. Pronto llegó a un incidente de fuerte carga dramática; su voz tembló, pero lo superó y siguió adelante. Pronto, sin embargo, se vio obligado a hacer una pausa para beber un vaso de agua; después, mucho antes de que sus oyentes comprendieran dónde estaba el verdadero drama, oyeron los sollozos del autor y vieron cómo las lágrimas caían por sus mejillas. Al final, el autor lloraba abiertamente y con total sinceridad, pero a la vez echaba a perder su texto.

La comparación es clara. Vajtangov creaba para el público, el dramaturgo lo hacía para sí mismo. Sin duda su drama era muy emocionante, pero no se hacía sentir, porque lo escribió sin conexión alguna con un público. Vajtangov lograba crecer y crear un desarrollo porque estaba en contacto con sus contemporáneos. Su profesión era para él una parte de la vida social de su tiempo, el público era para él un transmisor de la opinión pública. Lo escuchaba y se mantenía al ritmo de su tiempo, aunque nunca estaba a su servicio. Para él, el «éxito» no era una medida de la aprobación del público ni de la inmediatez periodística, como es ahora tan habitual.

Vajtangov era un lector impenitente de periódicos, pero no andaba a la búsqueda de temas sensacionalistas que dieran satisfacción al espectador hambriento. Por el contrario, el reportaje actual y contemporáneo se mezclaba conscientemente en su mente con escenas y personajes de distintas obras. Cuando leía sus periódicos, surgían en su imaginación instantáneas de sucesos remotos ocurridos en las tragedias y en las comedias de Shakespeare, así como secuencias de obras modernas. Cuando leía obras teatrales, percibía a través de ellas los incidentes de la propia vida. Ambas cosas se le aparecían bajo una nueva luz. A partir del periódico que tenía en sus manos, podía saber cómo producir o cómo interpretar a *Ricardo II*, *Hamlet* o *El rey Lear* desde el punto de vista de los acontecimientos de su época. El motivo era que Vajtangov era un individuo fuerte, que comprendía el problema del bien y el mal y sabía cómo abrir su conciencia al público y a la humanidad en general.

Ejercicio 14
Concéntrate en las obras, pero esta vez debes incorporar a tu ejercicio un público imaginario. Debes ver el teatro lleno de público, un público de hoy, que venga del torbellino de la vida, de sus oficinas, sus periódicos, sus radios, sus vidas privadas, sus universidades, sus fábricas, sus problemas políticos, etcétera. Ante este público imaginario debes actuar o dirigir tus obras y hacerte determinadas preguntas concretas: ¿Qué función tiene esta obra en la época actual? ¿Qué conclusiones extraerá el público de ella? ¿Qué utilidad tendrá en la sociedad moderna? ¿Qué sentimientos, pensamientos e impulsos de voluntad suscitará en un espectador contemporáneo? ¿Drogará al espectador y lo dejará indiferente ante los acontecimientos de la vida contemporánea y todos sus conflictos, o suscitará en él una protesta contra los poderes negativos? ¿Divierte al público mediante el recurso a sus más bajos instintos, o más bien apela a su sentido del humor y lo reanima con una risa inteligente, como hacen las comedias de Shakespeare? ¿Qué aspectos de la obra y de sus personajes deben subrayarse en el montaje de la obra y qué otros

deben considerarse menos importantes a los efectos de lograr un resultado positivo para un público contemporáneo? ¿Cómo saldrá el público del teatro después de la representación? ¿Le motivará el espectáculo para actuar en el mundo?

El director y el actor modernos deben conocer al público, sus puntos fuertes y sus puntos débiles, sus influencias positivas y negativas. No pueden depender de las opiniones de segunda mano de los «especialistas», sino que deben basarse en la experiencia personal del encuentro con el público en la imaginación y en la realidad. Solo entonces el director o el actor oirán la poderosa voz de la opinión pública y podrán luchar con ella si es preciso. En la medida en que hayan despertado su ego superior, se sentirán sintonizados con el pulso de la época.

La objetividad del humor
Cuanto más conscientemente desarrollemos nuestro ego superior, mayor será nuestra capacidad para el humor. Cuando somos capaces de separar nuestras reacciones egoístas inmediatas de los sucesos e interacciones emocionales cotidianos, estos se manifiestan a menudo bajo una luz verdaderamente humorística. Cuanto más preparado esté nuestro yo superior, más posibilidades tendremos de dejar atrás las cosas personales. Nos volvemos objetivos en nuestras percepciones, como debe serlo el artista. Muchas cosas que antes nos alteraban emocionalmente y cuyos

rasgos humorísticos, por tanto, se nos ocultaban, se nos muestran ahora en toda su integridad. Al liberarnos de nosotros mismos, el ego superior libera el humor que llevamos dentro. Por supuesto, no toda risa es fruto del yo desarrollado, ni cualquier tontería puede llamarse risa.

Veamos una ilustración sobre este punto: Anton Chejov era capaz de olvidar su interés personal en ambientes normales. Su atención hacia los demás a menudo superaba los límites de la razón. Por ejemplo, se dejaba torturar durante horas por visitantes cuyo único objetivo era disfrutar de la presencia de un hombre famoso. Su humor era tan grande como su capacidad de sacrificio; por ello veía más cosas que las personas de su alrededor, y a menudo su risa tranquila, inesperada, causaba desconcierto en los demás, porque desconocían el humor a través del sacrificio. Un hombre así se ríe con facilidad incluso de sí mismo, en momentos en que otros se irritan o se ponen furiosos.

En una ocasión, no mucho antes de su muerte, Chejov paseaba por las calles de Yalta. De pronto, una multitud de críos empezó a perseguirlo y a gritar despiadadamente detrás de él: «¡El viejo Anton Chejov tiene tisis! ¡El viejo Anton Chejov tiene tisis!». Les incitó su figura hueca, de hombros encorvados y mejillas hundidas y amarillentas. ¿Cuál fue la reacción de Chejov? Una cálida sonrisa cruzó sus labios. No se trataba, por supuesto, de sentido del humor en general; fue precisamente la cualidad del sacrificio lo que le dio la capacidad de describir a los niños con amor y con un gran sentido del humor.

Hace muchos años, en las profundidades de Rusia, un ermitaño vivía sus últimos días. Era el último de los verdaderos místicos. Había dedicado cuarenta años a los ejercicios religiosos y había alcanzado grandes alturas espirituales. Tuve la fortuna de visitarlo, y nunca, ni siquiera en la vida social corriente, había conocido a una persona tan alegre o que fuera capaz de reír tan de corazón, con tanta facilidad y tanta intensidad. Su figura pequeña y encorvada, sus viejos ojos azules, irradiaban un humor contagioso, que provenía pura y simplemente de su ego superior.

En este capítulo hemos abordado las cuatro funciones principales del ego superior del actor. Primero, la interpretación individual de las obras y de los papeles; segundo, la capacidad para distinguir entre los poderes del bien y del mal; tercero, la relación del actor con su época; y por último, la objetividad del humor a través de la liberación del actor con respecto a su ego estrecho y egoísta. Todo ello amplía la perspectiva mental del actor, agudiza sus percepciones y aumenta la importancia de su trabajo artístico.

Atmósfera objetiva y sentimientos individuales

Atmósfera objetiva
Los actores tienen distintas ideas sobre el espacio teatral. Algunos intérpretes consideran el escenario como un espacio vacío, que ocasionalmente se llena con decorados, objetos escénicos y personas, para volver a vaciarse en otros momentos del día. Para ellos, todo en el teatro debe ser visible y audible. Otros actores saben que no es así. El escenario está siempre lleno de atmósferas, es el origen de estados de ánimo inefables y oleadas de sentimiento que emanan de lo que nos rodea. El teatro, la sala de conciertos, el circo, cada uno de esos espacios tiene una atmósfera específica y contundente, que le es peculiar. A menudo es una de esas atmósferas, por sí sola, con independencia del contenido o del talento humano, lo que atrae a los espectadores a la función.

Si leemos las biografías de grandes actores, veremos que, para ellos, incluso las reducidas dimensiones del escenario eran todo un mundo, envuelto en atmósferas mágicas, del que no podían abstraerse claramente. Después de una actuación, algunos actores pasaban la noche en sus camerinos o entre bastidores, para absorber la atmósfera embriagadora. Estos intérpretes de talento se sentían impulsados a sentir de nuevo la interacción de las atmósferas que los rodeaban mientras actuaban. Esas atmósferas les proporcionaban una sensación de euforia que fortalecía su actuación.

Los actores que han dejado atrás el concepto flemático del escenario como espacio vacío saben que la atmósfera es uno de sus más poderosos medios de expresión, así como un vínculo indestructible entre ellos y sus públicos. Estos artistas buscan siempre, de manera instintiva, las atmósferas que los rodean en sus entornos cotidianos, y las encuentran en todas partes. Cada paisaje, ciudad, calle, edificio, habitación, sala de biblioteca, hospital, nave de catedral, restaurante lleno de gente, vestíbulo de hotel con su radiante desorden, vivienda pequeña, crispada sala de operaciones, faro solitario, pasillo de un museo cerrado, sala de máquinas de un transatlántico, granja desierta, cada uno de esos espacios contiene su propia atmósfera particular. Las estaciones del año, las horas del día y las fluctuaciones climáticas nos transmiten distintas atmósferas. Pero para sentirlas hemos de abrirnos a ellas.

La vida en la que nos movemos es rica en este tipo de interacciones de atmósferas. El actor debe percibir todas esas atmósferas con las que ha entrado en contacto. Las atmósferas son para el artista comparables a las distintas teclas en música. Son un medio concreto de expresión. El intérprete debe escucharlas como cuando escucha música.

Atmósfera y contenido
Las atmósferas permiten al actor crear el elemento de la obra y la parte que no puede expresarse de otro modo. Por ejemplo, imaginemos que Romeo dice sus palabras de amor a Julieta sin la atmósfera del amor. Aunque el espectador pueda entender el texto sublime y disfrutar de la belleza del verso de Shakespeare, perderá una parte de su contenido. ¿A qué contenido nos referimos? Al amor mismo. Todos los sentimientos requieren una atmósfera específica que hay que transmitir al público. Sin la irradiación de esas atmósferas adecuadas desde el actor, las palabras de amor, odio, desesperación y esperanza de Shakespeare resuenan, carentes de sentido, en un espacio psicológico vacío. La atmósfera revela el contenido de la representación teatral.

El vínculo entre actor y público
Pensemos en cuántas dificultades pasan los actores para establecer una comunicación con su público. Consideremos cuántos medios superficiales emplean en un esfuerzo por «engañar» la atención del público. La repre-

sentación teatral es en realidad una creación mutua de actores y público, y la atmósfera es un vínculo irresistible entre el actor y el público, un medio para que el público pueda inspirar a los actores, enviarles oleadas de confianza, comprensión y amor. Los espectadores responderán de ese modo si no se les obliga a mirar un espacio psicológico vacío.

La atmósfera inspira al actor
El actor recibirá también la necesaria inspiración para su actuación directamente de la atmósfera. Al igual que en la vida cotidiana uno habla, se mueve y actúa de forma distinta cuando está rodeado por distintas atmósferas, también sobre el escenario el actor comprenderá que la atmósfera lo impulsa a dar nuevos matices a su voz, sus movimientos, acciones y sentimientos. Sin duda, disfrutará en su actuación de una serie indestructible de detalles improvisados e inconscientes. No tendrá que recurrir a clichés ni tendrá que fijar su actuación de forma rígida.

El espacio, el aire alrededor del actor, estará siempre lleno de vida, y esta vida –que es la atmósfera– lo mantendrá vivo también a él, siempre que se mantenga en contacto con ella. Un sencillo experimento de imaginación nos convencerá de todo ello.

Ejercicio 15
Digamos que lees la escena de *Hamlet* en la que Horacio,

los soldados y el propio Hamlet esperan en la terraza del castillo de Elsinor la aparición del fantasma del rey muerto. Ahora imagina esta escena, o parte de ella, con la atmósfera de tensa expectativa y presentimiento de una aparición ominosa, sombría y oscura. Sigue cada gesto, cada entonación de las voces, cada movimiento de los personajes. Cerciórate de que estén realmente en armonía con la atmósfera escogida. Hazlo varias veces, hasta que te sientas satisfecho con tu pequeña «representación» imaginaria. Luego, cambia ligeramente la atmósfera, por ejemplo, de tensa expectativa, presentimiento de aparición ominosa, a ahora ardiente, vigorosa. Interpreta la misma escena otra vez en tu imaginación y observa mentalmente los cambios que se producen, en las voces, los movimientos, las acciones, la puesta en escena y demás medios de expresión de los personajes. Haz esto varias veces.

Compara la segunda escena con tu primera «actuación» y luego haz otro cambio de atmósfera. Por ejemplo, puedes llenarla de admiración hacia el fantasma desconocido, considerarla como una atmósfera señorial, solemne, silenciosa, reservada. Observa de nuevo a los personajes en su actuación imaginaria, compara esto con las dos «representaciones» anteriores, haz otro nuevo cambio en la misma atmósfera y así sucesivamente. Al hacerlo, trata de no apresurarte con los resultados. Deja que los personajes desarrollen sus propias reacciones ante los sutiles matices que introduces en la atmósfera. Esto «inspirará» a tus personajes imaginarios. De pronto te darás cuenta de que esas imágenes tienen realmente una vida independiente.

El mismo tipo de trabajo que acabamos de hacer con la imaginación puede realizarlo el actor mientras prepara un papel. Este es otro procedimiento de ensayo en el que el actor siempre descubrirá nuevos contenidos y significados, nuevos valores en su papel, nuevas facetas relevantes del personaje y nuevos medios de expresión. Situará a su personaje en total armonía con el resto de la obra y con los otros personajes.

El director puede organizar el período de ensayos de una producción de modo que las distintas atmósferas dentro de una obra se investiguen, se definan y se ensayen con la misma precisión que los diálogos o la puesta en escena. Pueden señalarse en el guión una serie de atmósferas. La división de la obra en escenas y actos no coincide necesariamente con la división en atmósferas. Estas pueden distribuirse libremente de modo que abarquen varios parlamentos o una escena completa, o solo parte de ella, según la interpretación de la obra. Por consiguiente, el actor, en lugar de esperar que la inspiración de una atmósfera le llegue «de manera fortuita», tendrá ante él una partitura de atmósferas que puede asimilar, ensayar e interpretar conscientemente.

La verdadera función de la atmósfera empieza incluso antes de empezar los ensayos. El actor que en su proceso de formación haya adquirido una aguda sensibilidad con respecto a las atmósferas, sin duda se dará cuenta de que en su primer contacto genérico con el papel se siente rodeado por una cierta atmósfera concreta, que lo impregna todo. Esta experiencia supone una premonición de su futura creación.

Los actores, como otros artistas, experimentan una incontenible sensación de alegría que precede al inicio de un nuevo trabajo. Frecuentemente, cuando un escritor empieza un proyecto, es posible que no tenga un argumento ni detalles definidos, sino simplemente el deseo de crear una cierta atmósfera: trágica, humorística, dramática, melodramática, mística, etcétera. Esta atmósfera general, esta «clave musical», lo inspira durante la fase inicial de su obra. Los personajes, los detalles, las situaciones y, a menudo, como ya hemos dicho, el propio argumento, surgen de forma gradual en su mente mientras él vive en esa atmósfera. Pero, aunque conocemos este proceso, pocas veces le prestamos suficiente atención. Cuando no somos capaces de utilizar las atmósferas de forma consciente, perdemos una parte inicial e importante de nuestro control sobre el papel. Las atmósferas al comienzo de un esfuerzo artístico son como una semilla que contiene el potencial de la planta ya plenamente desarrollada.

La atmósfera estimula los sentimientos personales
La atmósfera, como la imaginación bien desarrollada, estimula y despierta en nosotros sentimientos que son la

esencia de nuestro arte. Uno no puede vivir en la atmósfera de la escena o de toda la obra sin reaccionar inmediatamente a ella con sus propios sentimientos. Los sentimientos, en este caso, surgen orgánicamente de sí mismos, sin ser forzados ni extraídos de nuestra alma.

Aunque la atmósfera tiene una gran afinidad con nuestros sentimientos personales y con nuestros estados de ánimo individuales, difiere de ellos en muchos aspectos. Imaginemos, por ejemplo, un grupo de personas, cada una con su estado de ánimo, que entran en un viejo castillo donde cada piedra, cornisa, escalera o entrada, cada estancia y cada torre respiran la atmósfera de indescriptible encanto y misterio de una época perdida. Esa atmósfera está objetivamente en el aire, sin que nadie la haya creado, sin depender de nadie, pero lo suficientemente intensa como para imponerse incluso sobre el estado de ánimo de la persona que cae bajo su influencia.

Tomemos otro ejemplo: una catástrofe en una calle atestada de gente. ¿Cuántos estados de ánimo distintos hay allí? Una persona tiene miedo, otra siente una gran compasión, una tercera arde en deseos de ayudar, una cuarta es indiferente, pero la atmósfera objetiva del horror ante la catástrofe predomina sobre todas las personas afectadas, con independencia de sus estados de ánimo personales.

La atmósfera se distingue de los sentimientos individuales por una característica importante: su existencia objetiva fuera del individuo. Si generalmente decimos que los sentimientos personales provienen del interior del individuo e irradian hacia su entorno, al referirnos a una atmósfera tenemos que imaginar este proceso a la inversa; los sentimientos objetivos de una atmósfera proceden del exterior e irradian hacia el ámbito individual de los sentimientos.

Aunque los sentimientos individuales, como los sentimientos objetivos, pueden ser diferentes (e incluso pertenecer a ámbitos diferentes –uno viene del interior, el otro del exterior–), a menudo ambos están presentes a la vez en un mismo «espacio». Eso es lo que nuestra experiencia nos muestra en innumerables casos, tanto en la vida como en el escenario. Por ejemplo, puedes entrar en una habitación y verte envuelto en una atmósfera alegre y festiva, aunque personalmente te sientas bajo de moral y deprimido.

Veamos ahora algunos ejercicios para adquirir la técnica necesaria para dominar la atmósfera objetiva.

Ejercicio 16
Imagina el ambiente de tu alrededor, o un espacio teatral, lleno con la atmósfera que tú hayas elegido. No es más difícil que imaginar el aire lleno de luz, polvo, fragancia, humo, niebla, etcétera. No debes preguntarte: ¿Cómo puede llenarse el ambiente de miedo o de alegría, ternura u horror?; debes intentarlo en la práctica. Tu primer esfuerzo te mostrará inmediatamente lo fácil que es. Tienes que aprender a mantener la atmósfera imaginaria

que ahora te envuelve. Tu ayuda principal será una concentración desarrollada (como hemos visto en el capítulo 1). En este ejercicio no tienes que imaginar ninguna circunstancia ni acontecimiento especial para justificar la atmósfera. Eso tan solo distraería tu atención y complicaría el ejercicio innecesariamente. Hazlo sencillamente, tal como se ha descrito.

Después de un tiempo, cuando te sientas seguro de imaginar y mantener la atmósfera a tu alrededor, pasa a la fase siguiente. Trata de relacionar tu reacción interna con la de la atmósfera imaginaria externa. No te fuerces a sentir nada, limítate a darte cuenta de la reacción, que aparecerá por sí sola si la primera parte del ejercicio se ha hecho con cuidado y paciencia. Todo el valor de este ejercicio se perderá si te impacientas y fuerzas la reacción, en lugar de dejar que crezca libremente. Al principio, este ejercicio puede llevar tiempo, pero muy pronto verás que el proceso de creación de la atmósfera y reacción ante ella es casi instantáneo. De forma gradual, la atmósfera penetrará cada vez más profundamente en el ámbito de tus emociones.

Ejercicio 17
Ahora debes moverte y hablar dentro de la atmósfera. Empieza con movimientos sencillos y pocas palabras; trata de establecer una plena armonía entre ellas y la atmósfera. Con frecuencia somos capaces de mantener una atmósfera intensa si estamos callados y quietos, pero en cuanto hablamos o hacemos un movimiento tendemos a

destruirla. La atmósfera debe permanecer a tu alrededor y tus movimientos y palabras deben nacer de ella. La armonía se logrará de forma más sencilla y orgánica si evitas cualquier pretensión, cualquier intento de «interpretar» dicha armonía, como si tuvieras público. Debes esforzarte por alcanzar la armonía de forma sincera y honesta, por el mero hecho de lograrla, no para «lucirte». Poco a poco, los movimientos y las palabras se harán más complicados. Por último, puedes escoger momentos breves de obras concretas y usarlos para tus ejercicios.

Pronto llegarás a un punto en que tu voz y tus movimientos intensificarán la atmósfera en lugar de disminuirla. Para reforzar este resultado, puedes hacer el esfuerzo de irradiar la vida interior despertada en ti a través de la atmósfera objetiva.

En resumen:

1. Imagina el ambiente de tu alrededor envuelto en una cierta atmósfera.
2. Toma conciencia de la reacción que se produce en tu interior.
3. Muévete y habla en armonía con la atmósfera.
4. Irradia la atmósfera de nuevo al espacio que te rodea.

Dinámica interna

Cuanto más avanza un actor en su adquisición de la técnica descrita, mayor conciencia tiene sobre una determinada peculiaridad de la atmósfera. Empieza a comprender que nunca es estática, sino dinámica, que, más que un estado, es un proceso. Vive y se mueve constantemente, aunque este movimiento es puramente interior, invisible, psicológico. Si, por ejemplo, el actor vive en una atmósfera «deprimente», sin duda siente la presión como un acto, un proceso o un movimiento que se mantiene sin cesar mientras dura la atmósfera. Si el actor, mediante sus ejercicios, ha adquirido realmente un sentido de la dinámica interna, se convertirá para él en una fuerza apremiante, un impulso, una inspiración para su imaginación y para su trabajo como actor.

En atmósferas como la catástrofe, el pánico, la prisa, el entusiasmo, la celebración alegre, etcétera, el movimiento interno, la fuerza apremiante, es evidente. Pero ¿qué pasa con atmósferas como la tranquilidad de un cementerio olvidado, la comodidad de una habitación caldeada, la paz de un atardecer de verano? En estos casos, la dinámica interna no es tan obvia. No obstante, para un actor sensible, esa dinámica existe tanto en estas atmósferas aparentemente pasivas como en aquellas otras más cargadas de energía. El intérprete experimentado conoce –y además le entusiasma– la fuerza catalizadora de la atmósfera, que despierta su actividad. La necesita en escena, si el teatro representa para él una prolongación de su vida y no simplemente una endeble reproducción de su entorno habitual.

El profano, el no actor, rodeado por la atmósfera de un atardecer de verano bañado por la luz de la luna, se mantendrá impasible, mientras que el actor, inspirado por ella, empezará a actuar, primero quizá en su imaginación y luego quizá también exteriormente. Las imágenes surgidas de la dinámica interna de la atmósfera lo rodearán. Absorberá esa dinámica oculta y la transformará en acontecimientos, personajes, palabras y movimientos.

Misión de la atmósfera
Carente de atmósfera, una representación resulta enormemente mecanizada. Se puede comprender intelectualmente, se puede apreciar la destreza técnica, pero aun así resultará fría y sin corazón. Este hecho evidente suele quedar oculto tras los sentimientos individuales de los actores que resplandecen en uno u otro momento de la representación. Pero los actores individuales son solo partes de un todo y deben estar unidos entre ellos y con el público para crear una representación que sea un todo orgánico. ¿Cómo pueden hacerlo si no están envueltos en una atmósfera? El mejor modo de crear un espectáculo caótico es formar un reparto exclusivamente con estrellas y dejarlas exhibir libremente sus brillantes habilidades.

Como sabemos, el propio arte vive principalmente en el terreno de los sentimientos. La atmósfera, que también pertenece a ese terreno, es el latido de toda pieza de arte, y es también el elemento vital de toda representación. En una época materialista como la nuestra, las personas sienten vergüenza de sus sentimientos. Los reprimen y los esconden. ¿No corren así el peligro de perderlos por completo? La gran misión del actor contemporáneo consiste en salvar la atmósfera objetiva en el teatro, para de este modo rescatar la faceta humana de su profesión.

Sentimientos individuales
Consideremos ahora los sentimientos individuales del actor y las formas de despertarlos. Es posible que el actor imaginativo «vea» los sentimientos de sus personajes y las atmósferas de la obra. Esto le permite ser libre respecto a sus respuestas convencionales y personales, de modo que sus sentimientos sean flexibles y lo envuelvan en un mar infinito de sorprendentes y variados matices. Entonces el actor podrá recibir del exterior los impulsos necesarios para los sentimientos individuales.

Pero esto no agota las posibilidades que el actor tiene de suscitar y despertar sus sentimientos individuales, cuyo origen se encuentra en su interior y es, por tanto, extremadamente oscuro. Muy a menudo el actor intenta forzar sus sentimientos y darse órdenes a sí mismo para ponerse triste, alegre o feliz, para odiar o amar. Este forzamiento muy raras veces funciona. En la mayoría de los casos, los sentimientos del actor, el elemento más valioso de su profesión, permanecen dormidos pese a todos sus esfuerzos.

Por eso busca refugio tan a menudo en los viejos hábitos teatrales y en los inservibles clichés. Ahora bien, dado que los sentimientos del actor no se pueden imponer a la fuerza, ¿disponemos de otros medios para controlarlos voluntariamente? Desde luego que sí.

Acción con cualidades
Intentemos describir una técnica especial para reactivar los sentimientos del actor. El secreto está en despertar los sentimientos sin forzarlos de forma inmediata. Si deseamos levantar y bajar el brazo, podemos hacerlo sin dificultad. También podemos realizar el mismo movimiento, digamos, cautelosamente. Por supuesto, esto no nos resultará en absoluto más difícil que el movimiento anterior, pero nuestro movimiento tendrá un cierto matiz psicológico, a saber, la cautela. ¿Cómo sucedió? Se agregó a nuestro movimiento sin que nos diéramos cuenta, como la cualidad de la cautela.

Pero ¿qué es esta cualidad desde el punto de vista de la actuación? No es otra cosa que un sentimiento. ¿Lo hemos forzado? No, se agregó a nuestro movimiento precisamente porque no nos obligamos a sentir cautela. Realizamos nuestro sencillo movimiento, nuestra «actividad», cosa que siempre podemos hacer. Nuestro hacer, nuestra acción, dependen siempre de nuestra voluntad, pero no así nuestros sentimientos. Ahí está la clave: el sentimiento fue llamado, provocado, atraído indirectamente por nuestra «actividad», por nuestro hacer, por nuestra acción. Si en lugar de actuar nos hubiéramos limitado a esperar la aparición de los sentimientos, tal vez no habrían aparecido. Por otra parte, si nos limitamos a movernos y actuar, sin teñir nuestra acción con las cualidades, los sentimientos podrían mantenerse pasivos.

Podemos proseguir y hacer distintos movimientos, elegir «actividades» más complicadas con cualidades más complicadas. Podemos, por ejemplo, acariciar a un niño, decirle tal o cual palabra y dar a nuestros movimientos y a nuestra voz las cualidades del cariño, la ternura y la compasión. Seguramente podremos hacerlo con la misma facilidad que las sencillas tareas anteriormente planteadas, pero en este caso la diferencia será sin duda mayor. Los sentimientos participarán en mayor medida en nuestra actuación. Podemos combinar una serie de cualidades con nuestra acción y en todos los casos obtendremos el mismo resultado. Tendremos a nuestra disposición sentimientos –sentimientos reales– que seguirán y se agregarán a nuestros movimientos y a nuestras acciones con facilidad y con suficiente intensidad.

Podemos decir, por tanto, que la acción con cualidades es el camino más fácil para llegar a los sentimientos vivos. Una vez que hayamos encontrado el camino para estimular nuestros sentimientos sin forzarlos, podemos tener la seguridad de que se pondrán en acción con mayor frecuencia y con mayor facilidad. Pero esto no sucederá sin una preparación suficiente.

Ejercicio 18

Realiza sencillos movimientos y «actividades»: puedes, por ejemplo, mover las manos y los brazos en distintas direcciones, levantarte o sentarte, cruzar la habitación, tomar distintos objetos, moverlos, etcétera. Realiza el mismo movimiento varias veces con distintas cualidades: con calma, con fiereza, de forma reflexiva, enfadado, con prisa, de forma entrecortada o entrelazada, con dolor, con decisión, con astucia, con intencionalidad, con rigidez, con suavidad, con dulzura.

Prosigue con este sencillo ejercicio hasta que los sentimientos empiecen a responder a las cualidades elegidas. A continuación, combina tu movimiento y tu «actividad» con una o varias palabras. Las cualidades elegidas deben teñir tanto la acción como el discurso. Si trabajas con otros compañeros, podéis pasar a realizar sencillas improvisaciones. Más adelante se podrán usar incluso escenas cortas.

El ámbito de las cualidades es ilimitado. Puedes tomar prácticamente cualquier nombre o idea abstracta, cualquier imagen en tu mente y convertirla en una cualidad para tu acción. Si lo intentas en la práctica verás con qué avidez la naturaleza del actor lo transforma todo en sentimientos cuando el problema se aborda mediante los canales adecuados.

La acción es «qué», la cualidad es «cómo»

Hasta ahora hemos hablado sobre las cualidades que despiertan sentimientos cuando se combinan con acciones. Pero ¿qué ocurre con la propia acción? Del mismo modo que la cualidad está relacionada con los sentimientos, la acción procede del ámbito de la voluntad. La acción, el movimiento, el gesto: ¿qué expresan? ¿de qué nos hablan? Nos señalan hacia dónde apunta la voluntad.

Igual que nos sucede a nosotros en nuestra vida cotidiana, los personajes en escena siempre desean algo. Esto significa que la voluntad se dirige siempre hacia una determinada meta, un determinado fin. De esta voluntad estimulada surgen en escena cada acción, cada «actividad» y cada gesto, como en la vida real. La finalidad nítida, clara y definida de la voluntad se expresa en forma de acciones y gestos perfectamente constituidos, plásticamente moldeados. Al observar estas acciones y estos gestos, podemos penetrar en la voluntad del personaje y seguir sus impulsos y sus fines.

Ahora, si nos planteamos cuál es la diferencia entre acción y cualidades, qué corresponde a cada una cuando se mezclan, podemos decir: la acción (y la voluntad) expresan «qué» sucede, mientras que la cualidad (y los sentimientos) muestran «cómo» sucede.

Cada gesto, cada acción que realizamos surge de un determinado impulso de voluntad. Lo contrario también es cierto: el gesto del actor puede avivar su voluntad. Hemos dicho que cuanto más definido sea el impulso de voluntad, más expresivo será el gesto. Ahora podemos añadir que, cuanto mejor sea el proceso de formación del gesto, cuanto más intenso y claro sea, más seguro es que llegará a la voluntad para avivarla, estimularla y despertarla. Un gesto intenso de afirmación o negación, de expansión o contracción, de repulsión o atracción, agitará de forma inevitable la voluntad y suscitará en ella el correspondiente deseo, la correspondiente finalidad. En otras palabras, la voluntad se hace eco del gesto, reacciona ante él.

Debemos afirmar categóricamente, sin embargo, que únicamente los gestos que se realicen correctamente podrán despertar la voluntad del actor. Este tiene que aprender a practicar la realización de dichos gestos para poder aplicarlos más tarde a su trabajo profesional. Por consiguiente, describamos primero algunos ejercicios que nos conducen a la técnica correcta para producir esos gestos.

Ejercicio 19
Empecemos con unas simples observaciones. Mira –o imagina– las formas de distintas plantas y flores. Pregúntate: ¿qué gestos evocan estas formas ante mí? Combina también esas formas con cualidades. Por ejemplo, un ciprés se estira hacia arriba (gesto) y tiene una personalidad tranquila, positiva, concentrada (cualidad); mientras que el viejo roble, con su profusión de ramas, que se alza hacia lo alto y hacia lo ancho (gesto) nos habla sobre una

personalidad violenta, incontrolada, amplia (cualidad). La violeta se asoma por encima de sus hojas circundantes (gesto), de forma tierna, confiada, inquisitiva (cualidad); mientras que la azucena atigrada sale de la tierra «a empujones» (gesto), con agresividad, con persistencia, apasionadamente, casi a gritos (cualidad). Cada hoja, piedra o peñasco, cordillera remota, nube, arroyo u ola nos habla sobre los gestos y cualidades que contiene en su interior.

Simplemente mediante estas observaciones podrás despertar en ti un sentimiento vivo también con respecto a cada elemento de construcción escénica. Verás, por ejemplo, distintos gestos, la interacción de fuerzas y distintas cualidades en escaleras (empinadas o inclinadas), en puertas, en ventanas (estrechas, bajas, altas, anchas o cuadradas), en columnas, paredes, esquinas, etcétera.

Es asombroso ver cómo sentía Leonardo da Vinci la forma arquitectónica. «Un arco –dice–, no es más que una fuerza causada por dos debilidades; porque el arco... se compone de dos segmentos de un círculo y cada uno de dichos segmentos, muy débil en sí mismo, desea caer y, dado que cada uno resiste la caída del otro, ambas debilidades se convierten en una única fuerza.»

¿No sería correcto afirmar que Leonardo da Vinci «interpreta» el arco porque en su imaginación se encuentra «dentro» del arco? Al realizar el ejercicio, debes tratar de hacer la misma «interpretación», estar dentro de las formas que observes. Luego, trata de hacer con tus manos y brazos el gesto que en tu opinión exprese las distintas formas de gestos y cualidades que hayas sentido. Realiza este gesto varias veces, hasta que llegues a conseguir que tu voluntad y tus sentimientos reflejen tu gesto.

Aquí, como en todos los ejercicios, debes hacer un verdadero esfuerzo, pero los resultados finales no deben forzarse. Si trabajas de forma paciente y persistente, surgirán por sí solos.

Ejercicio 20

Entrénate para realizar determinados gestos con la máxima expresividad, del modo más completo y exhaustivo que puedas. Estos gestos podrían expresar, por ejemplo, las siguientes acciones: arrastrar, tirar de algo, presionar, levantar, arrojar, arrugar, sonsacar, separar, rasgar, penetrar, tocar, apartar, abrir, cerrar, romper, tomar, dar, sostener, contener, arañar. Puedes producir cada uno de estos gestos con distintas cualidades: con violencia, suavidad, seguridad, con cuidado, de forma entrecortada o entrelazada, con ternura, con cariño, con frialdad, con ira, con cobardía, de forma superficial, con dolor, con alegría, de forma reflexiva, con energía.

Los movimientos propuestos no deben convertirse en una especie de actuación. Debes evitar, por ejemplo, que parezca que tiras de algo con dificultad y que por ello te cansas. Trata de adaptarte a manejar el imaginario objeto pesado con más destreza. Tus movimientos de tirar de algo, presionar, rasgar y otros deben mantener una forma pura, ideal, arquetípica. Las complicaciones innecesarias y los añadidos actorales debilitarán los resultados de este ejercicio.

Cada movimiento debe ser lo más amplio posible, de modo que todo tu cuerpo y el espacio que te rodea se utilicen al máximo. El tiempo de tus movimientos debe ser moderado y, después de cada movimiento, debes repetirlo sin prisa. Finalmente, el ejercicio se debe hacer con plena actividad interior, pero sin tensar los músculos ni el cuerpo mientras produces unos movimientos adecuadamente amplios, extensos, pero ejecutados con elegancia.

A través de estos ejercicios reactivarás tu cuerpo para que, más adelante, cuando realices gestos más pequeños, puedas sentir como si todo tu cuerpo –todo tu ser– formara parte de ellos, sin necesidad de mover el cuerpo entero. Esto es lo principal de estos ejercicios. Tu voluntad no reaccionará ante los movimientos si estos no ocupan y electrizan tu cuerpo.

Otra ventaja de este ejercicio es el desarrollo de la capacidad para controlar tu cuerpo con mayor libertad que antes. Te será más fácil inventar los diversos gestos y movimientos que te harán falta para aplicar la «acción con cualidades» en tu trabajo profesional.

Ejercicio 21
Ejecuta otra vez los gestos junto con sus cualidades, aquellos gestos que encontraste al trabajar sobre las formas de

distintas plantas, flores, etcétera. Es posible que ahora logres mejorarlos y hacerlos más sencillos pero más intensos y expresivos. Haz cada uno tantas veces como sea necesario para suscitar la reacción de tu voluntad y tus sentimientos. Prosigue luego solo en tu imaginación, mientras te mantienes exteriormente inmóvil. Verás que tu voluntad y tus sentimientos reaccionan ante el gesto imaginario del mismo modo que reaccionaron ante el gesto real. Si el resultado no es aún satisfactorio, vuelve a la etapa anterior y realiza otra vez tus movimientos visibles e intercalados con otros movimientos invisibles; debes tener paciencia mientras esperas el resultado. Si haces estos ejercicios todos los días con la misma energía, el resultado surgirá muy pronto.

Hasta ahora hemos tratado de describir cómo, mediante los gestos y las cualidades, el actor puede estimular y despertar su voluntad y sus sentimientos. A continuación veremos cómo puede aplicar estos medios a su trabajo profesional.

El cuerpo del actor

> El cuerpo de un actor puede ser
> su mejor amigo o su peor enemigo.
>
> MARCO AURELIO

Ejercicios físico-psicológicos

No hay ejercicios puramente físicos en nuestro método. Sería inútil, dado que nuestro objetivo principal es penetrar en todas las partes del cuerpo con unas buenas vibraciones psicológicas. Este proceso hace que el cuerpo físico sea cada vez más sensible en su capacidad para recibir nuestros impulsos interiores y transmitirlos al público con expresividad desde el escenario. Nuestros ejercicios corporales, por tanto, son a la vez psicológicos; el actor que desee obtener unos resultados apropiados a partir de los ejercicios propuestos debe recordar esto al trabajar con ellos.

Centro imaginario en el pecho
Ejercicio 22

Imagina un centro en tu pecho desde donde una serie de impulsos vitales son enviados a tus brazos, manos, piernas y pies. Cuando empieces a moverte, imagina que el impulso para formar el movimiento procede de dicho centro. Siente la satisfacción estética que crece en tu cuerpo. Recuerda que no debes mover tus brazos desde hombros y codos ni tus piernas desde caderas y rodillas. Deja que el impulso de los movimientos desde el centro situado en tu pecho se abra paso a través de esos puntos donde antes posiblemente han estado retenidos. Los movimientos deben ser sencillos al principio, por ejemplo, subir y bajar los brazos, dar unos pasos hacia delante y hacia atrás, sentarte y levantarte.

Ahora, trata de comprender que tus brazos y tus piernas empiezan en el centro de tu pecho. Camina por la habitación. El «centro» te impulsará hacia delante, de modo que el cuerpo no podrá quedarse atrás. De igual manera, muévete a la derecha, a la izquierda y hacia atrás. Poco a poco sentirás más fuerza y armonía. Así aprenderás a valorar de nuevo tu cuerpo.

Realiza algunas actividades sencillas, como por ejemplo mover algunos objetos, limpiar la habitación o hacer una maleta. Debes concentrar tu atención en el centro hasta que te acostumbres a él y puedas obtener sus impulsos sin pensar en ello. Además, mientras te mueves por el escenario con esos leves movimientos –quizá solo se mueva tu dedo– sentirás fluir unas intensas corrientes de fuerza desde tu pecho hasta tu dedo.

Movimientos de moldeado
Ejercicio 23
Realiza movimientos abstractos con las manos, los brazos, las piernas, los pies y, por último, todo el cuerpo. Tu tarea consiste en efectuar todos estos movimientos con fuerza interior y actividad despierta, de modo que sientas como si moldearas el aire o incluso una sustancia más espesa y pesada alrededor de tu cuerpo. Cada movimiento debe dejar un contorno a tu alrededor. La tensión muscular no es necesaria. El significado reside en la fuerza psicológica del moldeado, en la superación de la resistencia imaginaria, así como en dar a la sustancia imaginaria una forma definida. Los movimientos deben ser amplios, plenos y claramente diferenciados unos de otros. Los movimientos imprecisos e indefinidos no tienen cabida en este ejercicio. Haz los movimientos con distintos *tempos* e intensidades; incluso en los movimientos lentos y moldeados, la fuerza y la actividad despierta no deben desaparecer de tu conciencia.

Lanza la idea de moldear el aire a tu alrededor. Realiza cualquier actividad, según lo ya propuesto, y deja que la característica de moldeado de tus movimientos se desarrolle dentro de ti por sí misma, sin prestarle una atención especial. Haz algunas improvisaciones sencillas.

Movimientos de fluidez
Ejercicio 24
El segundo tipo de movimiento es un movimiento de fluidez, en el que cada movimiento se liga con el siguiente en una línea ininterrumpida. Aunque deben poseer una forma clara, estos movimientos no han de tener principio ni fin, sino que deben fluir de forma orgánica unos dentro de otros. En este caso también es preciso tener una actividad y una cierta fuerza, pero el carácter del movimiento debe tener forma de ola, creciente y decreciente. Cambia el tempo. Debes sentir a tu alrededor el elemento del aire, como si fuera la superficie que sostiene una ola. Usa el mismo tipo de movimientos sencillos que en los ejercicios anteriores y luego inicia tus improvisaciones.

Movimientos de vuelo
Ejercicio 25
Podemos denominar el tercer tipo de movimiento «movimientos de vuelo». Al efectuar estos movimientos debes imaginar que cada uno de ellos se mantiene en el espacio indefinidamente, sale de ti volando, abandona tu cuerpo físico. Imagina también que todo tu cuerpo tiende a levantarse del suelo. Estos movimientos despertarán en ti el deseo de sostenerlos, como si quisieras darles tiempo para alejarse en el espacio. Enlaza un movimiento con el siguiente, sin interrupción y libremente, aunque no con la misma ligazón que en el ejercicio de movimientos de flui-

dez. Cambia el tiempo. Tu actividad y tu fuerza interior en este ejercicio adoptarán de forma natural un carácter especial, pero deberán mantener su presencia para protegerte de la «dulzura» y del debilitamiento sentimental. El elemento del aire, en este ejercicio, se debe sentir como un estímulo y un impulso. Empieza unas improvisaciones sencillas.

Movimientos de irradiación
Ejercicio 26
El último ejercicio de movimiento tiene que ver con los movimientos de irradiación. Imagina que unos rayos invisibles fluyen desde tus movimientos en el espacio, en la dirección del propio movimiento. Envía estos rayos desde el pecho, los brazos y las manos, desde todo tu cuerpo a la vez, en la dirección del movimiento realizado. El deseo de irradiar te enseñará poco a poco qué tipo de movimientos son más adecuados a estos efectos. Algunos tendrán un carácter más entrecortado, otros estarán más entrelazados, otros se sucederán de forma ininterrumpida. En este ejercicio tratarás de irradiar y enviar la actividad interior durante tus movimientos. Procura no confundir la tensión física con la irradiación. Cambia el tiempo. El elemento de este ejercicio es el aire lleno de luz irradiante.

Ejercicio 27
Después de haber asumido las características específicas

de estos movimientos, realiza una improvisación o una escena sencilla. En cada ocasión, tus compañeros y tú debéis plantearos una tarea específica. Debéis decidir qué tipo de movimiento vais a usar en la improvisación. Después, cualquier cosa que hagáis deberá estar impregnada de uno de los cuatro tipos de movimiento descritos. Más adelante, dentro de la misma improvisación, podréis elegir espontáneamente el tipo de movimiento que mejor se adapte a la situación.

El resultado de estos ejercicios será que, poco a poco, te sentirás más rico interiormente y más libre exteriormente. En estos cuatro tipos de movimientos, el «centro» situado en el pecho se debe sentir como una parte activa del cuerpo.

Quienes estén familiarizados con la euritmia de Rudolf Steiner y su teoría de «formación del habla» reconocerán fácilmente, en los cuatro movimientos propuestos, cuatro elementos: tierra, agua, aire y fuego, que juegan un papel esencial en el método de educación artística de Steiner. El conocimiento profundo de estos elementos, según la descripción y la utilización del propio Rudolf Steiner, supondrá para el actor una ayuda inestimable.

Además de las cualidades de moldeado, fluidez, vuelo e irradiación, el actor debe adoptar tres cualidades psicológicas más con el objeto de lograr que su cuerpo sea más artístico, más flexible y más expresivo en el escenario.

Todas estas cualidades se encuentran expresadas en las grandes obras de arte.

Sentimiento de facilidad
La primera cualidad se caracteriza por la ligereza y la facilidad. Veamos, por ejemplo, creaciones tan sólidas como «El pensador» de Rodin, el «Moisés» de Miguel Ángel, la arquitectura gótica tardía o cualquier otra creación de ese nivel. Podría decirse que el peso ha desaparecido en esas creaciones, el material ha sido vencido y están impregnadas de una facilidad y una ligereza que a su vez nos llenan y nos hacen más ligeros. Podemos incluso decir que el «peso» de tan grandes creaciones es distinto de nuestra percepción habitual. Este es uno de los elementos de la impresión de «elevación» que transmite el gran arte. Sin duda el artista debe tener esta capacidad para expresarse de un modo ligero y fácil, con su carácter psicológico y físico. Un actor necesita esto quizá más que ningún otro artista. Su material es su propio cuerpo y, dada su profesión, utiliza su cuerpo continuamente.

Ejercicio 28
Recuerda distintos momentos de tu vida en los que te hayas sentido en un estado pesado y sombrío, o ligero y alegre. Compáralos y comprenderás que la pesadez o la ligereza, en aquellos momentos, estaba tanto en tus miembros como en tu psicología. Concéntrate en esta cualidad

de ligereza y facilidad, que será tu primera guía cuando intentes lograr un sentimiento de facilidad.

Quédate quieto, de pie, con los pies en el suelo. Date cuenta de que estás en posición erguida. Razona contigo mismo dos actitudes distintas que los seres humanos pueden tener cuando se encuentran de pie sobre el suelo. La primera de ellas puede expresarse así: «Estoy ligado a la tierra y mi peso me arrastra hacia ella». La segunda actitud puede expresarse con estas palabras: «Mi posición erguida me libera de la tierra sobre la que estoy de pie. Mi inclinación interior es hacia arriba y no hacia abajo». Concéntrate durante un rato en la segunda actitud mental. Vuelve a este sencillo ejercicio lo más a menudo que puedas.

Realiza distintos movimientos sencillos y repítelos varias veces; trata de hacerlos más fáciles y más ligeros hasta que poco a poco despierten en ti un completo sentimiento de facilidad. No confundas facilidad con debilidad o pasividad. La fuerza interior debe estar presente incluso en el más ligero de los movimientos. Empieza con movimientos pequeños, para pasar luego a una expansión mayor a lo largo y a lo ancho, hasta que al final puedas correr y saltar por la habitación, lleno del sentimiento de facilidad.

A continuación elige cualquier actividad sencilla y acompáñala con algunas palabras. Realiza esta tarea con la máxima facilidad interior y exterior. Más adelante aprenderás a aplicar esta cualidad en el escenario, incluso cuando interpretes movimientos o estados de ánimo pesados o momentos de depresión psicológica, o cuando utilices un lenguaje pesado. Este perderá su carácter categórico y tajante y no deprimirá al público, sino que se convertirá en arte, aunque exprese la pesadez que requiera la obra. «La gracia es facilidad con fuerza» –escribió John Ruskin.

Esto te impedirá caer en la trivial representación fotográfica de la denominada «vida real», que puede tomarse únicamente como tema, no como forma de actuación. Cuando el sentimiento de facilidad se convierta para ti en una capacidad permanente, lo usarás inconscientemente.

El sentimiento de facilidad es afín a los movimientos de fluidez, de vuelo y de irradiación. Podemos decir que incluso los abarca a todos. El sentimiento de facilidad es la base general sobre la que pueden crecer, desarrollarse y unirse en la naturaleza del actor las cuatro capacidades mencionadas. El actor podrá producir movimientos de moldeado mejores y de mayor nivel artístico a través del sentimiento general de facilidad.

El sentimiento de facilidad está relacionado también con el humor, un aspecto crucial del arte. Cuanta más desbordante alegría incorpore el actor a sus ejercicios, mejor. El sentimiento de facilidad puede conseguir ese tono ligero. No se puede suprimir el humor de la naturaleza del actor, como tampoco puede suprimirse ningún otro sentimiento humano. Simplemente debe aceptarse cuando aparezca y entonces será de utilidad.

Sentimiento de forma

Otra destacada cualidad que distingue a todas las grandes obras de arte se expresa claramente en la forma. Incluso en sus obras inacabadas, los grandes maestros tienen siempre una fuerte tendencia a expresar una forma completa. Sus creaciones conservarían una fuerza volcánica, pero caótica, si no hubieran impuesto sobre ellas una forma sólida. Únicamente los impulsos creativos endebles, débiles, no logran transmitir la necesidad de la forma, quizá porque no hay nada en ellos digno de forma.

El actor no puede negar la forma, pues tiene que tratar siempre con la forma de su propio cuerpo. La mano humana está construida de tal modo que casi es un crimen abandonarla a la imprecisión. Observemos la expresividad de los dedos cuando se colocan en distintas posiciones. Lo mismo es aplicable a brazos y hombros, al cuello, a la espalda, las piernas y los pies, al cuerpo entero. Para dar una impresión sólida y armoniosa, nuestros sentimientos e impulsos de voluntad deben adquirir una forma igualmente apropiada en el escenario, junto con las formas móviles de nuestro cuerpo. Veamos ahora cómo el actor puede desarrollar un sólido sentimiento de forma, de modo que llegue a formar parte de su naturaleza.

Ejercicio 29

De igual modo que el sentimiento de facilidad es afín a los movimientos de fluidez, vuelo e irradiación, el sentimiento de forma es afín a los movimientos de moldeado.

Con este tipo de movimiento puedes empezar tus ejercicios sobre la forma, pero ahora debes prestar atención a lo siguiente. En primer lugar, cualquier cosa que hagas o digas debe tener un principio claro y un final definido. En este ejercicio no debes permitirte empezar o terminar tus movimientos, tu actividad o tus palabras de modo impreciso o indolente. Esto no significa que tengas que volverte rudo y brusco en todo lo que hagas o digas en escena. Puedes ser muy suave y dulce en tu expresión, pero aún así sentir muy claramente el principio y el final de lo que hagas. En segundo lugar, cuanto más practiques, más deberás comprender que una forma verdaderamente apropiada solo puede producirse desde tu interior. Resalta este aspecto interior de la forma producida y verás que estas formas no se convierten en caparazones externos, muertos y vacíos. En tercer lugar, antes de empezar cualquiera de tus sencillos movimientos o palabras, debes saber lo que vas a hacer y cómo vas a hacerlo.

Ejercicio 30
Quédate de pie, quieto, y siente que tu cuerpo es una forma. Después, «camina», en tu imaginación, con tu atención centrada en el interior de tu cuerpo, como si lo moldearas desde dentro y también desde fuera. Date cuenta de que cada miembro de tu cuerpo es una forma especialmente construida. Luego, empieza a mover los dedos, las manos, los brazos y otros órganos, levemente, de un modo que te permita comprender que tu cuerpo es una

forma móvil. Esto significa que el propio movimiento te impide ser amorfo en ningún momento mientras te mueves.

En nuestra experiencia cotidiana carecemos por completo de todo sentimiento de forma mientras movemos nuestro cuerpo. Esto no debe ser así en el caso del actor, si es que desea aumentar su expresividad en escena. Después de un cierto período de cauto conocimiento de su propio cuerpo como forma móvil, sentirá que todo su cuerpo es más fuerte, más joven y más obediente a los impulsos procedentes de su vida interior.

El siguiente paso adelante es todavía más sutil: consiste en asumir ciertas ideas sobre el cuerpo. Las hemos tomado de las enseñanzas de Rudolf Steiner en los terrenos del arte y la euritmia. Se recogen aquí en forma resumida, para su consideración por parte del actor.

Después de pensar sobre la forma triple del cuerpo humano, con sus distintas funciones generales, el actor aprenderá poco a poco a valorarlo y utilizarlo de distintos modos. Adquirirá una especie de «conciencia estética» que le indicará cómo usar las diversas partes de su cuerpo. Un animal está ligado a la tierra con sus cuatro extremidades, con su cabeza inclinada hacia el suelo. La columna vertebral corre paralela a la superficie de la tierra. La posición del hombre es erguida, su cabeza apunta hacia el universo. Sus brazos y sus manos son libres, sus piernas están ligadas al suelo, pero son más libres que las de un animal. Su cabeza está conectada a pensamientos, ideas y actividad espiritual. Su forma redonda refleja la forma del universo (macrocosmos), se transforma en una especie de pequeño mundo (microcosmos). La cabeza es la corona del cuerpo humano, descansa sobre él.

La cabeza es expresiva solo en su conjunto, a través de sus distintas posiciones sobre el cuello y los hombros; como forma redonda no puede ni debe realizar ningún «gesto»; esa sonrisa artificial, ese fruncimiento forzado del ceño, ese dolor impuesto y otras «expresiones» en la cara del actor no son más que intentos ilegítimos de hacer «gestos» con la cabeza. El actor se opondrá cada vez más a la tendencia a hacer muecas y empezará a valorar el rostro como un «espejo» que irradia libremente los afectos, los estados de ánimo, etcétera, del actor. Los ojos serán especialmente expresivos cuando el actor se niegue a tensar por la fuerza los delicados músculos de su rostro, y una verdadera belleza interior resplandecerá en ese rostro libre.

El pecho, los brazos y las manos están relacionados con los latidos del corazón y con la respiración rítmica. Esta es la esfera de los sentimientos. Las manos y los brazos son formas móviles, impregnadas de sentimientos. En su condición de órganos más libres de nuestro cuerpo, están predestinados para el trabajo creativo y pueden expresar exteriormente la vida interior del hombre. ¡Qué poco sabemos los actores modernos de su expresividad! El ritmo, que transforma y aumenta todos los sentimientos humanos y hace que se conviertan en verdadero material para el arte, es un aspecto totalmente descuidado en nuestra época. El miedo a perder la «veracidad naturalista» en el escenario nos impide acceder a la auténtica veracidad del arte. Tal vez pase mucho tiempo hasta que nosotros, los actores modernos, comprendamos que los valores naturalistas no sufrirán en lo más mínimo como consecuencia de las delicadas «notas» artísticas que los envuelven en forma de ritmo. Los brazos y las manos, como formas móviles, especialmente en su conexión con el ritmo, no han sido aún realmente descubiertos en el escenario. Cuando mantenemos las manos en los bolsillos o encendemos un cigarrillo tras otro delante del público, sin duda menospreciamos la importancia de nuestras manos.

La voluntad habita en las piernas y en los pies. Su forma expresa su función, que consiste en mover el cuerpo humano a través del espacio, de acuerdo con las ideas y los sentimientos del hombre. Veamos hasta qué punto son característicos e individuales las piernas y los pies cuando mueven nuestros cuerpos a través del espacio. La voluntad, ese rasgo tan impresionante y expresivo del personaje en escena, a menudo es totalmente olvidada por el actor durante la preparación de su papel. A veces, al contemplar una representación teatral, tenemos la impresión de ver ante nosotros a seres humanos privados de voluntad. En todo caso, a menudo no sabemos qué tipo de voluntad tiene en escena tal o cual personaje. Las piernas y los pies simplemente no participan en la actuación. Se mueven hacia delante y hacia atrás sin decirnos nada sobre el personaje. Sin embargo, ¡qué riqueza y qué variedad hay en el ámbito de la voluntad humana!

El doctor Friedrich Rittelmeyer escribió: «Existe una voluntad fuerte, que fácilmente se vuelve renqueante, y existe una voluntad prolongada, que crece ante los obstáculos. Existe una voluntad flexible, una voluntad rígida, una voluntad consciente, una voluntad somnolienta, una voluntad contraria, que siempre desea que las cosas sean distintas a como son; una voluntad social, que trabaja con todas sus fuerzas cuando siente que otros la comparten, y una voluntad aislada, que pierde su alegría cuando otros la consienten. Existe una voluntad recta, una voluntad torcida, una voluntad externa, una voluntad interna, no espiritual, una voluntad materialista, una voluntad egoísta».[2]

En cierta ocasión vi a un actor interpretar el papel de Otelo. Su actuación era buena en general, pero lo que más impresionó fue su manera de andar. ¡Mediante su manera de andar mostraba a su público todo el misterio de la voluntad de Otelo! Cada paso de su Otelo era una asombrosa composición de voluntad suave, gentil, tierna; una voluntad inexorable, fuerte; una voluntad prudente, lenta, penetrante; ¡y a la vez una voluntad extremadamente apasionada!

Estaba ansioso por saber cómo había llegado a tan sor-

---

[2] Friedrich Rittelmeyer (1872-1938) fue biógrafo de Rudolf Steiner y una renombrada autoridad sobre Friedrich Nietzsche y la filosofía alemana.

prendente logro y cómo andaba en su vida normal. Me contó que, tras encontrar esta manera de andar inicialmente en su imaginación, empezó a trabajar sobre ella. Más tarde adquirió un «ojo» especial para estudiar las maneras de andar de distintas personas que en cierto modo le recordaban a la manera de andar de su Otelo. En una ocasión –creo que era en Italia– tropezó por la calle con un hombre que andaba exactamente igual que su Otelo. El actor, sin que aquel hombre se diera cuenta, empezó a perseguirlo durante semanas, ¡hasta que logró robarle su «voluntad»!

Pero ¿cómo era la manera de andar corriente de este actor? ¡Era de lo más primitivo y egoísta! Cuando se cruzaba con una muchacha por la calle, su andar se volvía cómicamente ingenuo y traicionaba despiadadamente a su voluntad. Después de haber hablado con él, me sentí más unido a él que nunca, porque comprendí que debía ser un verdadero artista si era capaz de crear en el escenario semejante milagro con su manera de andar. Más tarde nos hicimos buenos amigos. Pero la solución que este gran actor encontró de forma accidental, mientras trabajaba en su papel, ahora nos la podemos plantear siempre como una tarea al trabajar cualquiera de nuestros papeles.

Para el actor sería un buen ejercicio observar la manera de andar de distintas personas y tratar de penetrar en el carácter de sus voluntades. Por supuesto, los brazos y las manos también rebosan voluntad, pero su actividad está marcada fundamentalmente por los sentimientos.

¿Qué puede obtener el actor de este trabajo meditativo sobre su cuerpo como forma triple? Nos damos cuenta de que el cuerpo puede ser «sabio» o «estúpido» en escena. No hay traje de noche ni túnica griega que pueda ocultar al público la impresión que el cuerpo transmite desde el escenario. Hemos presenciado muchas veces cómo un actor con un cuerpo «estúpido», que pronuncia desde el escenario palabras inteligentes e incluso sabias, causa una lamentable impresión, mientras que el actor con un cuerpo «sabio», incluso aunque pronuncie palabras insignificantes, transmite aun así la impresión de que algo importante sucede en escena. Con el tiempo, los esfuerzos de reflexión del actor harán que su cuerpo sea «más sabio» sobre el escenario.

Sentimiento de belleza

Todo tiene dos caras, una correcta y otra que no es más que una caricatura de la primera. En la psicología humana, por ejemplo, si el valor es una virtud, la audacia sin sentido no lo es. Si el amor es un verdadero sentimiento humano, el sentimentalismo es su falsificación. La prudencia es una cualidad útil, el miedo es destructivo e inútil. De igual modo la belleza, cuando se convierte en un «exhibicionismo» primitivo, es una obvia caricatura de sí misma y es fácil de distinguir. Pero ahora hablaremos sobre la genuina belleza, la mejor cualidad que el artista «presta» a su creación cuando la tiene en su interior.

¿Dónde están las raíces del sentido correcto o erróneo de belleza? ¿Cómo podemos distinguir entre ambos? Fijémonos en los trabajadores manuales. Vemos que sus movimientos son a menudo hermosos. Cuando, por ejemplo, el pesado martillo se alza y vuelve a caer una y otra vez, la mente del obrero está ocupada exclusivamente en esa tarea, sin deseo ninguno de «lucirse». Podemos decir incluso que esa verdadera belleza debe estar oculta para que otros puedan descubrirla.

El sentimiento de belleza, profundamente enraizado en toda naturaleza artística, debe encontrarse desde dentro. No puede imponerse desde fuera, porque es tan individual como el propio artista.

Ejercicio 31
Empieza con movimientos sencillos y «escucha» con atención, dentro de ti, el placer, la satisfacción, la experiencia de tus extremidades al moverse. Muévete primero despacio, de modo que puedas desechar todo lo que no sea el sentimiento innato de belleza. Evita toda debilidad, toda dulzura y todo sentimentalismo en tu movimiento y no descuides la fuerza interior. No intentes llegar con este ejercicio más lejos de lo necesario para provocar la comprensión de este sentimiento dentro de ti. Deja que crezca por sí mismo, mientras prosigues con el ejercicio. Resiste la tentación de aumentar o acentuar las sutiles vibraciones de la belleza. Deja que esas vibraciones irradien libremente y «llena el aire a tu alrededor de belleza», como decía Byron.

Si estás bien encaminado, sentirás una noble satisfacción; no la satisfacción que una persona puede sentir cuando desea complacer a alguien que le mira. Esta noble satisfacción mantiene todos los elementos de egoísmo al margen. En escena el egoísmo mata la verdadera belleza.

A partir de movimientos sencillos y lentos, pasa a otros movimientos más rápidos y complicados. Emplea palabras. Luego, trata de hacer improvisaciones sencillas, tú solo y con otras personas. Utiliza en el ejercicio, por último, algunas escenas cortas. Repite el trabajo hasta que obtengas el resultado deseado.

Ahora puede plantearse la siguiente pregunta: ¿cómo interpretaremos personajes y situaciones que son espantosos y desagradables en sí mismos? Por ejemplo, ¿cómo interpretar a Calibán o a Ricardo III, o la escena del *Rey Lear* en la que le arrancan los ojos a Gloucester? ¿Se convertirán en escenas dulces, sentimentales y falsas si las interpretamos con un sentimiento de belleza? Por supuesto que no. La crudeza y la fealdad deben permanecer y permanecerán, pero, mediante el sentimiento de belleza por parte del actor y del director, esas escenas quedarán despojadas de su crudeza realista, no artística, que apela solo a nuestras reacciones más bajas, nerviosas y físicas, y serán elevadas a un ámbito superior al del mero naturalismo.

Siempre encontraremos un sólido apoyo para la verdadera belleza si traspasamos la superficie de la situación o del personaje y vamos más al fondo. La imaginación intensa es el medio de lograrlo. Cuanto más superficialmente consideremos algo hermoso, más sentimental parecerá, mientras que la fealdad, cuando se considera superficialmente, suele suscitar un sentimiento de repugnancia. Por ejemplo, la espantosa crudeza de la escena en la que le arrancan los ojos a Gloucester desaparecerá de inmediato si consideramos el problema desde un punto de vista puramente psicológico. Si lo hacemos, percibiremos que Gloucester pierde su vista, su capacidad para percibir la vida, los rostros de las personas amadas, la luz y los colores. Es este aspecto psicológico el que debe acentuarse en esta y en las escenas posteriores, y no su aspecto físico.

Todos estos ejercicios físico-psicológicos hacen el cuerpo del actor más flexible y receptivo a los impulsos internos. Pero los ejercicios puramente psicológicos, como los planteados sobre la concentración, la imaginación, la atmósfera y otros, también hacen que su cuerpo sea más receptivo y sensible.

El gesto psicológico

*El alma desea vivir con el cuerpo
porque, sin los miembros de ese cuerpo,
no puede actuar ni sentir.*

LEONARDO DA VINCI

Estados y gestos psicológicos

Todos los idiomas emplean expresiones idiomáticas relacionadas con la actividad física y con el gesto para describir estados psicológicos complejos. Estos movimientos imaginados, que han quedado enredados en nuestro lenguaje y en nuestro pensamiento, son gestos de la vida cotidiana. Pero en cuanto que los aplicamos a nuestra vida psicológica, los producimos en la mente, no en el cuerpo. Esta es la única diferencia importante entre ambos tipos de gestos, pues su naturaleza real sigue siendo la misma. «Atrapamos» una idea lo mismo que atrapamos un objeto físico. «Tocamos» un problema lo mismo que tocamos una superficie desconocida de nuestro entorno físico. Los ámbitos en que se producen los gestos son distintos, pero no lo son los gestos en sí. Si los gestos fueran diferentes, no seríamos capaces de comprender, por ejemplo, lo que significa «tocar un problema».

¿Qué hacemos interiormente cuando pronunciamos expresiones como las siguientes?

Extraer una conclusión
Matar el pensamiento
Tocar el problema
Estallar en lágrimas
Dar consuelo
Romper relaciones
«Atrapar» la idea
Esquivar la responsabilidad
Saltar de emoción
Caer en la desesperación
Cultivar la reflexión

Que no se nos malinterprete: no queremos dar a entender que cuando «rompemos» nuestras relaciones con alguien o cuando «extraemos» una conclusión, produzcamos gestos de «ruptura» y de «extracción» en nuestra mente, como lo haríamos con los brazos y las manos. Queremos decir que sin duda existe en nuestra mente la tendencia a producir tales gestos, y esa tendencia es la misma que nos estimula a producir, cuando lo consideramos necesario, los gestos físicos de «romper», «extraer» o «atrapar».

Cada estado psicológico individual es siempre una combinación de pensamientos (o imágenes), sentimientos e impulsos de voluntad. Decimos que un ser humano o un personaje de una obra «piensa», «siente» o «desea» algo porque sus pensamientos, sus sentimientos o sus impulsos de voluntad son los predominantes en ese momento concreto. Pero esas tres funciones están presentes y activas en todo momento psicológico. Por tanto, el estado psicológico en que el actor encuentra a su personaje le ofrece la oportunidad definitiva de verlo como acción (o gesto) con las cualidades e imágenes apropiadas. Así pues, podemos decir que el mismo movimiento es en un caso físico (gesto) y en otro caso psicológico (cualidades e imágenes). Acuñemos, para uso futuro, el término «gesto psicológico», que significará el gesto junto con los sentimientos con él relacionados. Aplicaremos este término tanto a los gestos visibles (reales) como a los gestos invisibles (potenciales).

Aplicaciones prácticas
Digamos que el actor tiene un texto delante. La agitación, la imaginación, los sentimientos y las ideas creativas del autor, su amor, su risa y sus lágrimas, se esconden detrás de las palabras impresas. La tarea del actor consiste en «desprecintar» todos esos secretos, y hay dos modo de

hacerlo. El primer modo puede denominarse «el enfoque seco», intelectualizado, en el que el argumento, el contenido y el significado de las palabras son comprendidos mediante el pensamiento. La conciencia pasa casi rozando sobre la superficie de los sentimientos, las atmósferas y las imágenes; la satisfacción estética se obtiene mentalmente y se realiza el trabajo. La obra verdaderamente es dada a conocer –pero no para el actor. Para romper el «precinto» del dramaturgo, el actor necesita otros medios. La satisfacción estética por sí sola no será de gran ayuda para el actor. El actor va a actuar, va a cambiar, va a transformar su propia voluntad, sus propios sentimientos y su imaginación de acuerdo con la obra y con sus personajes. Para lograr este objetivo, debe leer la obra varias veces, utilizar sus ojos mentales más que su ojos físicos. Imagina los decorados, los acontecimientos, los personajes; escucha las palabras, las voces; ve los sentimientos de los personajes e interiormente sigue sus deseos, vive en la interacción de las atmósferas, anticipa, entusiasmado, la reacción de sus futuros espectadores, desea la unión con ellos, etcétera. La obra del texto escrito comienza a convertirse en una obra para el actor.

Cuanto más se familiariza con la obra y el personaje, con más intensidad empieza a levantar la voz su intuición de actor. Se abren innumerables posibilidades y caminos individuales. La cuestión es: ¿avanza la intuición a trompicones, sin un objetivo preciso, aunque alegremente, a través del inmenso y variopinto mundo de las imágenes suscitadas, o es el propio actor quien la dirige y la orienta? El principio rector a este respecto puede ser el gesto psicológico. Con su «mirada» aguda, el actor toma de aquí y de allá los gestos –el «qué»– y las cualidades –el «cómo»– a los que nos hemos referido en el capítulo 3. Surgen ante él y avivan su voluntad y sus sentimientos. Algunos aparecen de golpe, con toda claridad, y lo exhortan a producirlos de inmediato, mientras que otros no se pueden atrapar tan fácilmente, sino que se mantienen a distancia, prometedores, enigmáticos, estimulantes. Se acumulan, cambian, mejoran, se influyen mutuamente. Se funden en composiciones originales, fluyen orgánicamente de uno a otro, desde las atmósferas, las situaciones, el estilo, las peculiaridades de los personajes.

Cuando el actor cuenta con la preparación y la experiencia adecuadas en relación con la técnica para visualizar y producir gestos psicológicos, esto ya no supone un esfuerzo ímprobo para él. Disfruta de ese mundo caleidoscópico y centelleante de imágenes, gestos y cualidades. Tiene derecho a disfrutarlo durante un tiempo, ya que con ello alimenta su actividad creativa subconsciente y se prepara para el siguiente período de trabajo más detallado.

Incluso durante este primer período de dichoso descubrimiento de los gestos psicológicos, el actor comprobará que ya ha adquirido un conocimiento bastante completo sobre el conjunto de la obra y sobre su papel. ¿Cómo sucedió? ¿Analizó la obra y los personajes de un modo seco, intelectualizado? ¿Comparó concienzudamente la obra con otras creaciones dramáticas, con el fin de hallar sus similitudes para entonces etiquetar la obra y colocarla en la estantería? ¿Investigó los orígenes literarios de la obra? ¿Leyó los comentarios sobre ella? No, no hizo nada de eso, ¡por lo menos todavía no!

La aproximación del actor fue fresca, independiente, directa, libre, creativa, y lo más importante, ¡fue la aproximación de un actor! ¿Qué era el gesto psicológico que empleó en su trabajo de exploración? Era actuación, participación interna en la vida invocada tras las palabras impresas en el texto del autor. Su conocimiento no era superficial. ¿Cómo podría serlo, si mediante el gesto había experimentado la voluntad y mediante las cualidades había encontrado los sentimientos que el propio autor había tenido al crear su obra? El actor entiende el argumento, el contenido, no menos que cualquier otra persona, pero este entendimiento no se centra tan solo en su cerebro, se extiende a lo largo de todo su ser de actor. Vive en sus manos, en sus brazos, en su torso, en sus pies, en sus piernas y en su voz. Se siente capaz de expresarlo como actor, pero no como crítico ni como analista científico. A través del gesto con cualidades, conoce más cosas verdaderas y profundas sobre la obra y sobre el personaje de las que nunca podría saber el científico.

Si el conocimiento a través de y para la actuación es el primer logro del intérprete, la segunda fase es un proceso lento pero seguro de ajuste y transformación de la vida interior del personaje. Mediante la experiencia que el gesto psicológico le ofrece, el actor disfruta del proceso orgánico de «conversión» gradual en personaje. Desde el principio mismo de su estudio, ha estado dentro del personaje; su recompensa será su propio crecimiento interior.

¡Qué gran satisfacción artística se siente al experimentar o incluso al observar día tras día la transformación de un actor en un personaje! Todavía ahora recuerdo con absoluta nitidez cómo se podía observar claramente este maravilloso proceso en su forma clásica, si se me permite decirlo así, en el caso de Stanislavski. Cuando estudiaba su papel, se convertía cada vez más en «un personaje». Sin que él mismo se diera cuenta, empezaba a hablar y a moverse de forma ligeramente distinta, en su vida privada, durante aquel período de estudio. Aunque nunca perdía su encanto infantil, cambiaba psicológicamente. Y he de admitir que quienes estábamos habitualmente a su alrededor, siempre elegíamos el día en que interpretaba un personaje «bueno» o «prudente», para plantearle alguna pregunta o actividad, si queríamos tener el éxito asegurado.

Ahora bien, no se debe pensar ni por un momento que este gran artista estaba, en modo alguno, poseído por su personaje. Nada de eso. Stanislavski simplemente disfrutaba, «coqueteaba», con el personaje, incluso en su vida normal fuera de la sala de ensayos. Cuidaba de su personaje, lo exploraba cada vez con mayor profundidad, con el fin de mejorarlo a la par que mejoraba su propia psicología personal. Pero estaba por encima del personaje y no corría ningún riesgo de «olvidarse de sí mismo». Siempre recordaré los ojos de Stanislavski cuando actuaba con él en escena. ¡Qué ojos! Mientras él mismo actuaba, observaba a su compañero con una intensa mirada de director, a veces reprobatoria, a veces de aliento. Era plenamente consciente de lo que sucedía a su alrededor mientras él, por usar su propia expresión, «jugaba con el papel». Un gran artista como él no podía volverse ciego mientras creaba.

Se puede argumentar que Stanislavski no utiliza el gesto psicológico. Por supuesto, no lo «usaba»; se convertía en su personaje de modo intuitivo, impulsado por su propio genio. (Tampoco debemos olvidar, además, que Stanislavski tenía su propio sistema.) Pero este no es un libro sobre el «genio en general». Tratamos de encontrar la técnica para aquellos actores de talento que quieran desarrollar de forma consciente sus capacidades y no avanzar a trompicones y sin rumbo fijo, sobre la base de una vaga inspiración. Personas como Stanislavski, por ejemplo, deben ser observadas y estudiadas. De dichos estudios habrán de extraerse conclusiones, que deben clasificarse y perfilarse dentro de un método utilizable luego por cualquiera que quiera tener una técnica definida. En otras palabras, cualquiera que quiera ver cómo crece y se desarrolla el teatro en el futuro. Eso tratamos de lograr en las páginas de este libro, a modo de pequeña y humilde aportación al gran conocimiento del teatro, al que se llegará de forma gradual con las nuevas generaciones. Volvamos ahora al tema que nos ocupa. En los siguientes ejercicios trataremos de avanzar un paso más en nuestra comprensión de qué es el gesto psicológico y a la vez explicar cómo puede utilizarse, ante todo, para actuar.

Ejercicio 32
Este ejercicio tiene una doble finalidad. En primer lugar, desarrollaremos una habilidad suficiente para extraer del gesto psicológico a partir de la imaginación. En segundo lugar, aprenderemos a distinguir entre el gesto psicológico preparatorio y los gestos que el actor podría usar durante su actuación. (Hay que tener siempre en cuenta que el gesto psicológico no tiene nada que ver con los diversos gestos que el actor podría utilizar en escena mientras ensaya o mientras actúa.)

Toma cualquier obra, preferentemente una con la que no estés totalmente familiarizado. Imagínala, como hemos descrito antes, sin seleccionar ningún papel para ti. Sigue imaginándola hasta que los acontecimientos y los personajes de la obra se conviertan para ti en una representación escénica viva. Al hacerlo, fija tu atención en los momentos que por un motivo u otro te parezcan relevantes o expresivos. Concéntrate en el personaje que parezca central en el momento escogido. Pide a este personaje que actúe para ti en tu imaginación y sigue su actuación con todo detalle. Simultáneamente, trata de «ver» qué se propone el personaje, cuál es su deseo, su anhelo. Al hacerlo, procura no razonar, sino más bien penetrar lo más clara y vívidamente posible en el qué del personaje mediante la imagen que aparezca en tu mente. Tan pronto como empieces a adivinar qué hace el personaje, intenta encontrar el gesto psicológico más sencillo para ello. Hazlo físicamente, a la vez que miras tu imagen. Mejora el gesto psicológico en su simplicidad y expresividad, mediante su ejercicio. No le pidas a tu personaje imaginario que haga el gesto psicológico por ti. Es inútil. El personaje solo puede actuar en función de la obra. Hamlet, por ejemplo, cuando se alza el telón, puede sentarse inmóvil en el salón del trono. Esto es tu imaginación. Pero el gesto psicológico de Hamlet podría ser un movimiento largo, lento, pesado, con ambos brazos y manos, de arriba a abajo y hacia el suelo. Puedes encontrar este gesto para el estado de ánimo oscuro y deprimido de Hamlet en este momento de su vida. Ese gesto es lo que debes hacer en realidad, a la vez que observas tu imagen.

A continuación, trata de actuar y hablar como Hamlet, con el gesto psicológico solo «en la espalda de tu mente», por así decirlo.

Haz el gesto psicológico y la actuación, alternativamente, hasta que te resulte evidente que detrás de cada estado interno o de cada movimiento actoral se esconde un gesto psicológico sencillo y expresivo, que es la esencia de la actuación. El rey Claudio, mientras observa la representación de la obra *La ratonera*, puede tener como gesto psicológico interior un largo y terrible gesto hacia atrás con brazos y manos levantados y los dedos muy abiertos, mientras que su actuación escénica real puede ser parca en movimientos e incluso opuesta al gesto psicológico; por ejemplo, puede ser una lenta contracción de todo el cuerpo. Es posible que el jactancioso Falstaff tenga gestos actorales grandes, orgullosos y desenfrenados, mientras que el gesto psicológico invisible que inspira al actor puede ser un gesto pequeño, cobarde, condensado –como si tuviera en su mano y estrujara un pequeño trozo de papel.

Elige otros momentos para tu representación escénica imaginaria, para estudiarlos del mismo modo. El gesto psicológico aparecerá ante tu mente y, una vez practicado, permanecerá siempre contigo, como una especie de inspiración durante la actuación. Al ejercitar los gestos psicológicos puedes emplear también las cualidades, con lo que tus ejercicios resultarán más agradables y beneficiosos.

Ejercicio 33
Al trabajar en su papel, el actor puede considerar necesario aplicar la técnica del gesto psicológico, especialmente al texto. Veamos cómo puede hacerlo. A modo de ejemplo, tomaremos los siguientes versos de Horacio (*Hamlet*, acto I, escena I).

(Vuelve a entrar la Sombra)
HORACIO: (...) ¡He de salirle al encuentro, aunque me

hechice! ¡Detente, fantasma! Si puedes emitir sonidos o usar de la voz, ¡háblame! Si hay alguna buena obra que hacer, que te reporte a ti un alivio y a mí la gracia divina, ¡háblame! Si eres sabedor del destino que amenaza a tu país y que, previniéndolo, felizmente pueda evitarse, ¡oh, habla! O si en vida depositaste en las entrañas de la tierra tesoros mal adquiridos, por cuya causa, según se dice, vosotros, los espíritus, con frecuencia vagáis errantes después de la muerte, dímelo... ¡Detente y habla! (...) ¡Ciérrale el paso, Marcelo!

La imaginación del actor puede invocar a Horacio en un extremo estado de excitación mental que lo impulse a lo largo de todo su parlamento. Hay muchas variaciones y matices en este breve texto, pero antes el actor tiene que encontrar su dinámica principal. Primero escucha interiormente los versos de Horacio y busca de modo intuitivo el posible gesto psicológico que pueda estar oculto tras ellos. El actor pasa por alto los delicados matices del texto de Horacio; en cambio, busca el gesto característico. Supongamos que este gesto es un brusco empujón hacia delante con su cuerpo, su brazo y su mano derecha dirigidos hacia el Fantasma. Fijar los rasgos de ese ser desconocido puede ser el deseo, el «qué» del gesto, mientras que la imperiosa excitación puede ser su cualidad, el «cómo».

Después de que el actor empiece a practicar este gesto psicológico, la fuerza y el personaje aparecerán mientras el actor dice los versos, para darles colorido e intensidad. De este modo se reduce el riesgo de usar el texto solo por su seco contenido intelectual, solo por su significado. El «cómo», el aspecto artístico del texto, pasa a primer plano. El puro significado, el «qué» de la palabra, nunca se perderá, ya que el actor entiende de qué habla el autor, pero el «cómo» se resentirá enormemente si el actor no lo construye sobre la base de un gesto dinámico, con sus correspondientes cualidades demostrativas. «Si el lenguaje ha de ser plástico por una parte y musical por otra –escribió Rudolf Steiner–, entonces se trata, en primer lugar, de incorporar el gesto al lenguaje.»

El actor ejercita el gesto en la medida en que lo necesita para avivar su vida interior. El gesto psicológico se convierte para él en una especie de primera versión, boceto o dibujo al carboncillo del futuro cuadro, después del cual todos los detalles aparecerán y cubrirán poco a poco el esbozo inicial.

Tras completar esta etapa preparatoria, el actor selecciona unas cuantas palabras especialmente características del texto y las pronuncia mientras hace el gesto psicológico. Según nuestro ejemplo, debe distinguir entre una cadena de exclamaciones energéticas, tan características de este texto en concreto:

HORACIO: (...) ¡He de salirle al encuentro, aunque me hechice! ¡Detente, fantasma! Si puedes emitir sonidos o usar de la voz, ¡háblame! Si hay alguna buena obra que hacer, que te reporte a ti un alivio y a mí la gracia divina, ¡háblame! Si eres sabedor del destino que amenaza a tu país y que, previniéndolo, felizmente pueda evitarse, ¡oh, habla! O si en vida depositaste en las entrañas de la tierra tesoros mal adquiridos, por cuya causa, según se dice, vosotros, los espíritus, con frecuencia vagáis errantes después de la muerte, dímelo... ¡Detente y habla! (...) ¡Ciérrale el paso, Marcelo!

Al hacerlo, la preocupación del actor debe ser que las palabras suenen cada vez más en armonía con el gesto inicial, es decir, con su «qué» y su «cómo».

Ejercicio 34
La mejor manera de ensayar las palabras seleccionadas del texto de Horacio (o cualquier otro pasaje) sería la siguiente: al principio ejecuta el gesto sin palabras, luego el gesto junto con las palabras y, por último, solamente las palabras sin el gesto. De este modo, la intensidad y todas las cualidades del gesto se vierten en las palabras y se vuelven audibles.

Ejercicio 35
Las exclamaciones deben tener sus propios matices. La imagen de Horacio revela al actor que su excitación puede crecer de forma simultánea al fracaso de su intención. Esta puede ser la base para encontrar los primeros matices del gesto psicológico general. Puede transformarse en

siete gestos distintos, en concordancia con las siete exclamaciones. Si el primero de ellos puede imaginarse con una cualidad relativamente lenta, segura y entrelazada, el último debe ser rápido, incierto y entrecortado. Los cinco gestos intermedios crean una transición del primero al último. El actor ensaya ahora estos siete gestos y, como se ha dicho antes, observa detenidamente que las palabras suenen en armonía con las nuevas cualidades de los nuevos gestos.

Ejercicio 36
La imaginación nos proporciona otra sugerencia más: Horacio empieza su discurso con sobrecogimiento hacia el ser desconocido, pero lo termina con un lenguaje vulgar y ofensivo. La razón y la dignidad disminuyen también en su actitud. El «qué», la intención –fijar los rasgos de la aparición desconocida– es la misma, incluso más intensa. Los siete gestos psicológicos se modifican en sus cualidades. Adquieren nuevos matices. Las posiciones de todo el cuerpo, del brazo y la mano, son imperiosas y vivas como antes, ahora llenas de respeto y reverencia en un principio; pero al final pierden progresivamente su actitud distinguida y se vuelven agresivas, sin su anterior sobrecogimiento; llegan a ser incluso insultantes. Este cambio se produce orgánicamente, desde el primero hasta el último de los siete gestos.

Transiciones

De igual modo que el actor ha encontrado los siete gestos característicos a lo largo de todo el texto, puede encontrar también las transiciones entre ellos. Con los nuevos gestos psicológicos puede llenar los huecos entre las palabras elegidas y las partes animadas y aún intactas del texto. Al llenar, por ejemplo, el primer espacio, «si puedes emitir sonidos o usar de la voz», el actor puede ver que esas palabras están llenas de cualidades de esperanza, adoración, calidez quizá. Así pues, tras la primera petición, «detente, fantasma», puede hacer un movimiento amplio y agradablemente cadencioso con el brazo y la mano derecha hasta llegar al primer «háblame», para finalizar con firmeza la primera transición. Este gesto se debe ensayar en relación con las palabras, tal como se ha sugerido antes.

Cada transición posterior entre las exclamaciones previamente seleccionadas demostrará al actor que la metamorfosis lleva a Horacio desde el sobrecogimiento, la seguridad y la admiración, hasta la vulgaridad, la desesperación y la agresividad. La sospecha y la impaciencia crecientes se ponen cada vez más de manifiesto, a pesar de la fortaleza de Horacio. Los gestos psicológicos correspondientes a las transiciones empujan cada vez con mayor nitidez hacia delante y se llevan consigo todo el cuerpo. El actor ensaya de nuevo los gestos y sus cualidades junto con los textos correspondientes.

El actor debe comparar entre sí estos gestos transicionales, de modo que puedan influirse mutuamente, hasta llegar a una composición armoniosa. Encuentra todas las transiciones que necesita en forma de gestos psicológicos, lo que le permite llenar sus palabras de fuerza, expresividad, vida, matices psicológicos individuales, ritmos, etcétera.

Pero, igual que antes, no necesita usar todas las palabras a la vez, especialmente en los pasajes más complicados y extensos. Puede ser conveniente que siga el principio de seleccionar las palabras principales del texto elegido para este trabajo, para poco a poco añadir otras nuevas. Este uso del texto le permitirá emplearse a fondo para dar vida a cada palabra. Más adelante, el actor disfrutará de esas impresionantes palabras no solo por su significado, que pronto dejará de afectarlo, sino por su valor artístico, que él mismo les habrá aportado. Las palabras animadas tienen alas y con seguridad llegarán siempre al público.

Antes, en nuestro ejemplo de la escena de Horacio, hemos hablado de las transiciones que el actor debe encontrar entre los dos momentos escogidos del texto. Una peculiar característica de la naturaleza del actor le permite realizar cualquier transición entre dos momentos escogidos sin ninguna justificación «lógica». Todos los actores saben que poseen esta asombrosa capacidad, pero no todos la usan y la desarrollan suficientemente. Han adquirido la mala costumbre de saltar de un momento obvio de la actuación indicado por el autor al siguiente sin ninguna transición. Esto, al actor moderno, le parece «lógico», pero a menudo no se da cuenta de que, debido a esa «lógica», su actuación resulta seca y primitiva. Cierto, el espectador sigue el desarrollo del argumento, pero no se interesa por la actuación misma. Sucede todo lo contrario cuando el actor emplea toda su capacidad para hacer transiciones libres durante su actuación. Su propia individualidad se hace visible a través de su entramado de delicadas transiciones. Su actuación se vuelve rica y fascinante para el público.

El actor de talento lee la obra. El no actor o el actor mal formado lee la misma obra. ¿Cuál es la diferencia entre ambos tipos de lectura? El no actor lee la obra con absoluta objetividad. Los acontecimientos, incidencias y personajes de la obra no avivan su vida interior. Entiende el argumento y lo sigue como observador, desde fuera. El actor lee la obra subjetivamente. La lee de cabo a rabo y al hacerlo disfruta de su propia reacción ante las incidencias de la obra, de la voluntad, los sentimientos y las imágenes que la obra suscita en él. La obra y el argumento son para él solo un pretexto para mostrar y experimentar la riqueza de su propio talento, su propio deseo de actuar. El no actor lee las líneas, mientras que el actor lee entre líneas, ve más allá de los personajes y acontecimientos de la obra. Estos mágicos «más allá» y «entre» constituyen ese territorio donde el actor de talento vive y se mueve libremente. Desde ese territorio, contempla toda la obra como un estímulo, como una serie de signos e indicaciones detrás y más allá de las palabras, que lo impulsan y lo guían en su actuación individual. Disfruta de sus innumerables transiciones libres, que le permiten enlazar esos signos unos con otros.

Pero ¿qué son las indicaciones y signos suministrados por el autor o el director? ¿Cuáles son los puntos inicial y final entre los cuales el actor se mueve y actúa libremente? ¿Existen razones lógicas para su actuación y sus transiciones? No, en absoluto. ¡La razón, la única razón es su capacidad innata, natural, para actuar! ¡Un actor sensible no podrá negar que puede actuar sin argumento alguno, sin obra alguna, sin razón externa alguna salvo simplemente actuar, quizá durante horas, una y otra vez, hablar, moverse, cruzar un caudal infinito de sentimientos, sumergirse en el dolor, la alegría, la tristeza o la felicidad; sentirse inspirado para reír y para llorar, tener esperanza, desear, lamentar, despreciar, perdonar, amar, arder, enfriarse!

Recuerdo que cuando Vajtangov improvisaba escenas, personajes y acontecimientos, empezaba sin ninguna «razón» ni tema preconcebido. Veía un lápiz sobre la mesa y lo agarraba. Cómo hacerlo era para él un primer eslabón de una cadena interminable de momentos improvisados. La mano agarraba el lápiz con cierta torpeza e, inmediatamente, en su rostro y en toda su figura, se veía a un simple muchacho. Se sentaba ante la mesa y dibujaba lentamente con su lápiz las letras del nombre de una chica. ¡El muchacho estaba enamorado! Otro rostro, otra expresión de los ojos. Pero antes de terminar de escribir el nombre, la escritura acababa con un gran punto redondo. Las mejillas del muchacho se sonrojaban. Era tímido y cohibido. Una sonrisa vergonzosa se instalaba en sus labios. Se levantaba y veía un espejo en la pared. La gama entera de emociones brotaba del alma del muchacho enamorado: esperanza, duda, vehemencia, el deseo de ser hermoso, aún más hermoso, más aún. Sus ojos se humedecían de lágrimas, la cabeza se aproximaba cada vez más al cristal y el muchacho del espejo recibía un tierno y cálido beso del muchacho situado fuera del espejo. La veía a ella, solo a ella.

Vajtangov proseguía sin cesar, creaba una cadena ininterrumpida de transiciones, llena de pequeños acontecimientos imprevistos. Con frecuencia, Vajtangov se planteaba una tarea concreta en sus improvisaciones. Por ejemplo, agarraba una botella vacía y una cerilla. Su tarea consistía en improvisar el papel de un borracho que intentaba introducir la cerilla por el cuello de la botella pero no era capaz de hacerlo. Su ingenio y su capacidad para improvisar en tales casos parecía inagotable.

El actor debe aprender a confiar en su subconsciente creativo. Puede lograrlo si ejercita de forma persistente y paciente su capacidad de realizar transiciones. Veamos uno de esos ejercicios.

Ejercicio 37
Elige dos sencillos momentos psicológicos que sean contradictorios. Por ejemplo, uno puede ser la palabra «sí», pronunciada con cólera y fuerza. El otro puede ser la

palabra «no», dicha con suavidad y en tono de súplica. Pronuncia ese «sí» y prosigue tu actuación sin ningún tema preconcebido, solo con el suplicante «no» como objetivo final. Deja que tu alma realice una transición libre e ininterrumpida de un extremo a otro. Empieza con una transición muy corta entre «sí» y «no». Deja que tu alma realice una transición libre e ininterrumpida de un extremo a otro. Luego, mediante múltiples repeticiones del ejercicio, trata de ampliar la duración de la transición todo lo que puedas. Mientras improvisas esta transición, puedes hacer y decir todo lo que quieras. No dudes en apenarte y sonreír, maldecir y amar, implorar y ordenar, dudar y creer. Cuanto más polarizados estén tu punto inicial y tu punto final, mejor. Luego, elige otros tres puntos (por ejemplo, cinismo, amor y miedo), y después otros más, y «viaja» de unos a otros libremente, a ser posible sin que te perturbe ningún tipo de autocrítica. La capacidad de criticarse correctamente se desarrollará de forma gradual; nunca debe ser demasiado consciente ni demasiado intelectual.

Ejercicio 38
Con un compañero, inventa tus propios puntos inicial y final. Ambos debéis crear libremente vuestras transiciones de forma simultánea. El elemento nuevo en este caso será la necesidad de relacionarse con la actuación improvisada del compañero. La escena se debe desarrollar con suavidad y armonía, como si ya se hubiera ensayado a

fondo. Para este ejercicio, ningún participante necesitará ninguna justificación «lógica» para elegir sus puntos. Puede ser «sí» y «no» para uno de los participantes y «no» y «sí» para el otro. Puede ser cualquier cosa, cualquier actividad, cualquier palabra o frase, cualquier posición inicial o final elegida al azar. Cuanto menos se «justifiquen» los puntos, mayor será el placer resultante de las sorpresas inesperadas para ambos participantes. Repite la misma transición, pero trata de interpretarla ahora de forma distinta.

Si se avanza en la dirección indicada en el ejemplo de *Hamlet*, el actor, mediante el recurso de su imaginación, encontrará cada vez más matices en los siete gestos después de haber preparado a fondo el terreno general. La nueva experiencia debe convencerlo de que detrás de la palabra hablada hay también un movimiento invisible. Sentirá que la palabra es un gesto que se ha transformado en sonido. Si no fuera así, la palabra hablada no tendría fuerza ni vida alguna. El gesto oculto, «deslizado» en la palabra, es el verdadero impulsor de la palabra hablada; el actor lo necesita por encima de todo si no quiere parecerse a los oradores cuyas palabras, apenas pronunciadas, caen al suelo como hojas secas y quebradizas.

Euritmia

No solamente las palabras sino también cada sonido del

lenguaje humano pueden tener un elemento impulsor. La teoría de la formación del habla y la euritmia, elaborada por Rudolf Steiner, nos enseña en primer lugar a distinguir entre las vocales y las consonantes como medios de expresión artística.[3] Las vocales están íntimamente relacionadas con nuestros sentimientos y tienen para nosotros un carácter más íntimo que las consonantes. Las vocales, por tanto, son por su naturaleza un medio más apropiado para expresar los temas líricos y espirituales, las experiencias íntimas, mientras que las consonantes suenan más dramáticas, pesadas y terrenales. Es como si imitaran al mundo exterior, mientras que las vocales expresan principalmente los sentimientos humanos. Las vocales son la música y la pintura del habla humana; las consonantes son su fuerza plástica.

Mediante la práctica de la euritmia, el actor se familiariza con una serie de gestos distintos relacionados con distintas vocales y consonantes. A través de ellos, podrá dar vida a cada sonido, en su lenguaje artístico. Rudolf Steiner sostenía que: «La formación del habla debe ser para el hablante, por necesidad, arte que llega hasta el punto del sonido, lo mismo que la música debe ser arte que llega hasta el punto del tono».

---
[3] Existen muchos libros ilustrativos sobre la euritmia. Entre los mejores se encuentran los siguientes: *Eurythmy and the Impulse of Dance* (*La euritmia y el impulso de la danza*), Lungren, Harwood y Raffe (Rudolf Steiner Press, Londres); *Eurythmy* (*Essays and Anecdotes*) (*Euritmia: ensayos y anécdotas*), (Schauberg Publications, Roselle, Illinois); y por último *An Introduction to Eurythmy* (*Introducción a la euritmia*), Rudolf Steiner (Anthroposophic Press, Hudson, Nueva York).

Tomemos, por ejemplo, el sonido de la letra «a» en *father* (padre). ¿Qué gesto se esconde tras esa letra, la crea y le da su fuerza y su contenido audible? Supongamos que abrimos los brazos en toda su amplitud, nos mantenemos de pie con las piernas separadas y seguimos este gesto con nuestros sentimientos, con el propósito de experimentarlo intensamente. ¿Qué experimentamos? Una especie de asombro, sobrecogimiento, admiración y sentimientos parecidos. ¿Qué hacemos mientras pronunciamos el sonido «ah»? Abrimos nuestras almas para interrogar, admirar y absorber las impresiones que nos llegan desde dentro de nosotros mismos o desde nuestros entornos vitales. Incluso las cuerdas vocales y la boca se abren o tienden a abrirse en toda su amplitud al pronunciar el sonido «ah».

Mientras que los sentimientos y el gesto del sonido «ah» corresponden al sobrecogimiento, la admiración, la apertura, la expansión e incluso la pérdida de la conciencia (al bostezar, por ejemplo, solemos perder la conciencia hasta el punto de quedarnos dormidos), totalmente contrario es el gesto y la psicología del sonido «oo» (como en *moon*, luna). En este caso, todo tiende a la concentración, al cierre y al estrechamiento (dibujo 5). La psicología de este sonido es el miedo, el despertar cauteloso, el estado de alerta. Según Rudolf Steiner, «Sentirse pequeño, tenso, retraído, frío, eso es lo que el sonido "oo" despierta en el alma humana».

El sonido consonante «s», que expresa la conexión del

ser humano con el mundo exterior más que con la vida interior íntima del hombre, tiene un poder tranquilizante, que deja en suspenso aquello que estaba en movimiento. Mediante este sonido penetramos profundamente en la vida interior de aquello que hemos calmado. Podemos experimentar la naturaleza de este sonido si hacemos el gesto eurítmico de la «s». Experimentamos su naturaleza mágica al mover los brazos y las manos de abajo hacia arriba con movimientos ondulantes, envolventes, serpenteantes, nítidos, en los que un brazo sigue el movimiento del otro con un pequeño retraso.

La euritmia nos lleva a través de todos los sonidos del habla humana, a través de todas las combinaciones de sonidos, nos enseña a comprender la mutua conexión e interrelación de estos sonidos, nos muestra las infinitas variaciones de cada uno de los sonidos, lo que nos permite convertir nuestro lenguaje artístico en la membrana más delicada posible de inagotables sutilezas y variaciones de nuestra psicología.

El «asombro» y el «sobrecogimiento», audibles por ejemplo en el sonido «ah», pueden ser intensos o suaves, profundos o superficiales, sombríos o ligeros, serios o ingenuos, estúpidos, humorísticos, maliciosos, etcétera; pero, sin embargo, seguirá siendo siempre el mismo sonido «ah» con el mismo gesto y la misma tendencia inherente de «apertura». No podemos inventar nuevos sonidos eurítmicos para los sonidos del lenguaje humano, del mismo modo que no podemos inventar nuevos sonidos «a», «b» o «c». Existen objetivamente. Pero podemos variarlos y matizarlos libremente según nuestros impulsos y preferencias artísticas. La variedad es aquí tan ilimitada como en el gesto psicológico, que podemos y debemos reinventar en cada ocasión.

El actor que haya ejercitado su lenguaje y haya dado vida a cada sonido por medio de la euritmia tiene muchas ventajas a su favor. En primer lugar, la armonía y la belleza natural impregnarán el lenguaje y todo el ser del actor y lo elevarán al ámbito del arte, donde la fealdad como medio de expresión (no como tema) deja de existir. En segundo lugar, el sonido se convertirá en un excelente transmisor de las intenciones creativas del actor. En tercer lugar, en el alma del actor se despertarán sentimientos sensibles a los que podrá acceder cuando quiera. En cuarto lugar, el actor aprenderá a usar el habla como medio de caracterización. A través de este dominio recién desarrollado para expresar en su habla los mejores matices de cada sonido del lenguaje humano, podrá moldear su modo de hablar de forma distinta en función del papel que vaya a representar. Los más sutiles matices de pronunciación distinguen a sus personajes unos de otros. Malo será el autor cuyos personajes se expresen todos con el mismo tipo de frases. Igualmente malo será el actor cuyos distintos papeles hablen siempre de un mismo modo inalterable en escena.

Si existe un arte del teatro, empieza en la actuación y en la dirección. El autor y su obra todavía no son teatro.

La dramaturgia es independiente de otras artes; el teatro empieza cuando los actores y el director toman en sus manos el texto escrito. Son sus individualidades creativas las que crean el teatro. El actor empieza a explorar la obra y, al hacerlo, debe explorarse a sí mismo. Todas las frases, todas las situaciones de la obra permanecen en silencio para el actor hasta que se encuentra a sí mismo tras ellas, no como lector con un gusto artístico apropiado, sino como un actor cuya tarea responsable es traducir el lenguaje del autor al lenguaje del actor. La palabra escrita ha de convertirse en palabra hablada.

La búsqueda de sí mismo, encontrarse consigo mismo, es la razón por la que el actor debe abandonar los caminos trillados. ¿Qué significa para el actor encontrarse consigo mismo? Significa una cosa: establecer contacto con su propia individualidad creativa. El gesto psicológico y la euritmia son los senderos que el actor debe seguir para llevar a cabo esa gran tarea.

Sensibilidad
Para llegar a utilizar plenamente el gesto psicológico, el actor debe desarrollar una mayor sensibilidad respecto a los matices de su cuerpo. Esto puede lograrlo mediante determinados ejercicios.

Ejercicio 39
Elige cualquier gesto psicológico sencillo, pero no definas

su cualidad. Elige también una frase para pronunciarla junto con el gesto. Supongamos que has escogido como gesto un amplio movimiento de los brazos para encerrarte en ti mismo, junto con la frase «quiero estar solo» (dibujo 7). Ejecuta el gesto y trata de averiguar las cualidades que pueden ser provocadas por el propio gesto. A continuación, pronuncia la frase de modo que suene en armonía con el gesto y sus cualidades. Hazlo varias veces de principio a fin, para familiarizarte con el ejercicio.

Ejercicio 40
Desde un principio puedes sentir solo las cualidades generales, digamos, de enclaustramiento frío, firme, sereno. Pero esto solo es el comienzo. Ahora debes repetir el mismo gesto psicológico, pero con ligeros cambios. Por ejemplo, si la posición de tu cabeza antes era recta y tu mirada se proyectaba también hacia delante, baja la cabeza ligeramente y mira hacia abajo. Este cambio aportará ciertos matices a tus anteriores cualidades. Ahora sentirás probablemente la mezcla de un matiz sombrío y obstinado en tus cualidades. Practica este gesto y la frase hasta que puedas realizar ambos libremente. Haz la primera variación, luego la segunda. Compáralas y aprecia la diferencia.

Ejercicio 41
Pasa al siguiente cambio; puede ser, por ejemplo, doblar ligeramente la rodilla de la pierna derecha. Presta aten-

ción interiormente a este nuevo matiz. Quizá contenga un tono de desesperación y desesperanza. Deja que estas cualidades entren en la frase. Debes practicarlas y compararlas con las anteriores. Junta las manos más arriba, cerca de la barbilla; baja más la cabeza; cierra los ojos. Las anteriores cualidades ganarán intensidad. Alza la cabeza y mira hacia arriba. Podrás sentir un matiz de súplica.

Veamos ahora otro cambio. Aparta de ti las palmas de las manos. A la cualidad de súplica se añadirá ahora, probablemente, la cualidad de autoprotección. Inclina la cabeza hacia un lado y podrás sentir un matiz sentimental. Dobla los dedos corazón de tus manos. Escucha el matiz humorístico de tu gesto.

Cuanto más sensible te vuelvas a estas alteraciones de tu gesto, más imperceptibles deben ser los cambios que realices. La posición de la cabeza y los hombros, los brazos, las manos, los codos, el giro del cuello y la espalda, la posición de piernas y pies, la dirección de la mirada, la posición de los dedos, todo ello suscitará en tu espíritu creativo las correspondientes cualidades y sentimientos. Practica estos ejercicios hasta que sientas que la más leve idea de cambio te hace reaccionar interiormente. También despertarás dentro de ti el sentido de armonía entre expresividad exterior e interior en tu actuación, el sentimiento de verdad escénica.

Una vez adquirida esta nueva capacidad, el actor puede

emplearla en su trabajo para dar mayores detalles a su papel. Comprobará así cómo, al aplicar este sencillo método, penetra cada vez con mayor profundidad en las complicaciones inherentes al papel.

Más allá de los límites del cuerpo
Un gesto psicológico débil y anémico no puede despertar la voluntad y los sentimientos del actor. No obstante, aún hay que plantearse la cuestión de cómo producir un gesto excepcionalmente fuerte sin una tensión física innecesaria y perturbadora. Supongamos que extendemos enérgicamente los brazos, las manos y todo el cuerpo hacia un lado. Este es nuestro gesto psicológico. Al producirlo con fuerza, podemos sentir las limitaciones de nuestro cuerpo físico más que la fuerza real del gesto. Cuanto más intensifiquemos el movimiento físicamente, con mayor fuerza sentiremos la tensión de nuestros músculos y su inevitable contracción.

Nuestro cuerpo físico ha recibido un fuerte impulso interior que lo empujó hacia un lado, después de lo cual el movimiento físico se interrumpió y el cuerpo se inmovilizó. Pero el impulso interior, la actividad inicial, no debe interrumpirse. Puede y debe continuar, al margen de la incapacidad del cuerpo para seguir. Después de haber completado físicamente el gesto psicológico, debemos mantener interiormente el movimiento hacia un lado. Para ello no es preciso tensar el cuerpo. Todo lo contrario: la tensión física debe liberarse, aunque no ha de desaparecer del todo.

El primer esfuerzo nos mostrará que todo gesto puede mantenerse interiormente durante el tiempo que queramos. Tanto si estiramos la mano y seguimos el estiramiento imaginario, como si apretamos el puño con fuerza, en cuyo caso la propia actividad parece inmovilizarse, no hay diferencia. El puño apretado, obviamente, llega a un estado de inmovilidad, pero ¿qué nos impide proseguir la energía del acto de apretar? En nuestra imaginación, tenemos libertad para apretar el puño durante todo el tiempo que queramos.

De este modo nos libramos de las cadenas del cuerpo físico; esta actividad constituye la verdadera fortaleza del gesto psicológico. Esta actividad interna puede despertar el impulso de voluntad del actor y el fuego de sus sentimientos. Esta fuerza acumulada es lo que se debe utilizar en el escenario, nunca la fuerza ilusoria de los músculos tensos. Una práctica suficiente mostrará al actor que la fuerza psicológica es mucho mayor que la fuerza muscular. También comprenderá que su fuerza psicológica es la que transmite al público todo lo que dice, siente, hace y desea como personaje en escena.

¿Qué pasa con los gestos cuyas cualidades deben ser tenues, suaves y tiernas? ¿Dónde reside su fuerza? No se pierde fuerza en los gestos suaves. Esa pregunta es fruto de la confusión entre fuerza física y psicológica. La actividad interior en el tierno amor de una madre, por ejemplo, puede ser tanto o más fuerte que cualquier actividad violenta. En cuanto el actor sea consciente de que el gesto psicológico es un movimiento incesante y nunca una posición estática, comprenderá que su actividad tiende a crecer y que sus cualidades tienden a ser cada vez más intensas y más expresivas. Así pues, podemos decir que el verdadero gesto psicológico va más allá de los límites del cuerpo.

Tiempo y espacio imaginarios
Este nuevo aspecto del gesto psicológico proporcionará también al actor un nuevo acceso a los elementos del tiempo y del espacio. Puede, por ejemplo, extender su brazo ante sí y moverlo de un lado a otro en un espacio y un tiempo reales, ¡pero también puede extender su brazo imaginario junto con el brazo real hacia el horizonte y moverlo allí durante días e incluso años!

El actor puede contraerse en un gesto psicológico de «acurrucamiento» en su propio cuerpo e incluso «desaparecer» en su imaginación. Puede dirigir este gesto hacia el suelo y seguir hasta el centro de la Tierra. Puede enviar este gesto por encima de su cabeza hacia el espacio infinito y experimentar allí sentimientos «fantásticos» si lo desea. O puede hacer un gesto de abrazo, de abarcarlo todo. En realidad, no necesitará más de cinco a ocho segundos para hacerlo físicamente, pero puede extenderlo en su imaginación a muchos «siglos». Todas las cualidades empezarán a brillar y a vivir de tal modo que merecerá la pena irradiarlas al público. Veamos nuestros sentimientos. Todos tienen una clara tendencia a «romper» las fronteras del tiempo y el espacio reales. La alegría, el amor y todas las variantes de la excitación parecen vivir en un espacio «más amplio» y en un tiempo «más corto» que, por ejemplo, la pena, el dolor y la nostalgia, que utilizan «menos» espacio y «más» tiempo.

Hay un elemento fantástico en nuestros sentimientos e impulsos de voluntad; posiblemente el no actor no necesita entenderlo en su vida cotidiana, pero el artista, el actor, debe despertar el elemento fantástico que lleva dentro y utilizarlo. Todos los movimientos, palabras, «actividades» –lo que el actor va a hacer en escena cuando se alce el telón– adquirirán una nueva importancia, encanto, poder, capacidad de persuasión y, sobre todo, un inefable halo de arte verdadero y genuino. Incluso en las obras más naturalistas, en la actividad escénica más corriente –leer una carta, beber, comer, sentarse tranquilamente en una silla, ponerse un abrigo–, el actor se convertirá en un «actor-mago» que se diferencia del mero «actor-fotógrafo» o «actor-informador» cuyo exacto reflejo de la vida parece más anodino de lo que la vida misma puede llegar a ser.

Lo que el escenógrafo estadounidense Robert Edmund Jones escribió sobre los escritores de teatro en su libro *The Dramatic Imagination* (*La imaginación dramática*) puede aplicarse también a los actores: «En lugar de tratar de elevarnos al nivel imaginativo de la verdadera creación dramática, han hecho descender el teatro a nuestro propio nivel». Y añadía: «Todo lo que es real debe pasar por una extraña metamorfosis, una especie de cambio radical, antes de poder convertirse en verdad en el teatro». El elemento fantástico del gesto psicológico del actor crea esta metamorfosis.

Esto no quiere decir que todos estos gestos tengan que ser «eternos» e «infinitos». Depende del tema, del tipo de producción, de la escena, del momento y, sobre todo, del gusto y del tacto artístico del propio actor. Nos encontramos aquí en el ámbito de la intuición del actor, donde no caben normas ni reglamentos. Lo que importa es la capacidad de trabajar mediante gestos psicológicos fantásticos y mediante elementos de tiempo y espacio imaginarios. Si el actor es un artista, sabrá cómo usar estas nuevas posibilidades creativas para preservar el hechizo de su arte.

Ejercicio 42
Elige cualquier posición natural; por ejemplo, apóyate con ambas manos en la mesa; siéntate en una silla con la cabeza sobre las manos; túmbate en el sofá con las manos debajo de la nuca; quédate de pie en medio de la habitación con los pies separados, las manos detrás de la espalda, la cabeza ligeramente levantada; apoya la espalda contra la pared, la cabeza caída sobre los brazos, el rostro inclinado hacia abajo, etcétera. Adopta cualquiera de estas posiciones, u otras parecidas, antes de comprender su posible significado psicológico. Después, sin dejar la

posición, trata de definir lo que expresa. ¿Qué cualidades podrían esconderse tras una posición semejante? ¿Qué actividad interior podría haberte llevado a tal estado? Esta actividad psicológica, con las cualidades descubiertas, debes continuarla interiormente. Concéntrate por completo en la irradiación de la actividad descubierta, con sus cualidades, y hazlo hasta que sientas crecer tu fuerza interior, que la posición te pertenece por completo y que en cualquier momento puedes empezar a improvisar, a partir de esta posición. Luego, empieza a improvisar, sin dejar la posición. Puedes pronunciar palabras y hacer cosas con plena libertad, sin limitación. Improvisa de este modo durante un tiempo y luego adopta otra posición.

Ejercicio 43
El desarrollo de este ejercicio requiere un grupo de tres personas como mínimo. Uno de los miembros del grupo coloca a los otros dos en posiciones definidas de modo que el grupo parezca un momento fijo de una escena ya interpretada y que podría proseguir en cualquier momento. Todas las figuras están conectadas entre sí por el tema de la escena fija. La persona que decide las posiciones de los demás miembros del grupo debe decirles el tema que tiene en mente.

Por ejemplo, la situación podría ser la de un grupo de personas en torno al lecho de una persona enferma o moribunda; o bien una pausa al término de una reunión, justo antes de que el presidente diga las últimas palabras y levante la sesión; o bien una multitud de personas que leen un anuncio sensacional en un cartel. Deben evitarse posiciones que puedan ser el resultado de, por ejemplo, un baile interrumpido, una situación de pánico o cualquier situación de prisa. Estas poses crearán complicaciones innecesarias y distraerán la atención. Una vez adoptadas sus posiciones, los miembros del grupo tienen que explorarlas y sentirlas del modo antes descrito para los ejercicios individuales. Pero esta vez deben ajustar su psicología interior, con sus continuas actividades y cualidades, a la de los demás participantes en el ejercicio. El ajuste externo viene dado, pero cada miembro del grupo deberá encontrar la armonía y la coordinación interiores en silencio, por su cuenta. Después, la escena «fija» se mantendrá en forma de improvisación libre durante un tiempo corto.

Ejercicio 44
Ahora, el miembro del grupo que asigna las posiciones de los demás miembros no les dice cuál es el tema del grupo. Los actores tendrán que descubrirlo mediante una atenta exploración de sus propias posiciones y mediante su introspección en las psicologías de los demás. Es irrelevante que el grupo adivine o no con exactitud el significado pretendido con la distribución de posiciones. Si la escena se mantiene de forma armoniosa y sensible, el propósito del ejercicio se habrá logrado.

Entre el texto y la representación

Todo lo que hemos dicho hasta ahora sobre el gesto psicológico puede resumirse así: el actor, al empezar su trabajo sobre la obra, se encuentra entre dos polos. En un extremo está el texto escrito y su papel, y en el otro está su actuación real. Hay una enorme distancia entre ambos extremos, una distancia que para el actor es desconocida y posiblemente oscura.

La obra sigue siendo ajena para el intérprete hasta que averigua cómo interpretar en escena su contenido, o más bien hasta que tiene la capacidad de interpretarlo. Sin embargo, no se debe estimular su actuación hasta que no sepa o no sienta el nivel más profundo de contenido de la obra. Si el actor empieza los ensayos con clichés teatrales o viejos hábitos, su actuación seguirá un patrón muerto. Si se aproxima a la obra a través de la lectura de las palabras del autor, sin profundizar en lo que hay tras ellas, su conocimiento de la obra será superficial e inútil para la representación escénica. Seguirá existiendo una enorme distancia entre la obra y la actuación.

¿Qué puede conectar ambos polos y eliminar así la distancia? Únicamente la fuerza de la verdadera individualidad del actor, que empieza en su subconsciente creativo y en su intuición artística. Este es el único modo de explorar realmente la obra, de encontrar su significado más profundo y estimular la actuación, con la consiguiente eliminación de todos los clichés.

Pero ¿está el «talento» del actor siempre a su disposición? ¿Puede mandar sobre su subconsciente a voluntad? ¿No depende la inspiración del actor moderno de su estado de ánimo, de su salud, de las circunstancias externas de su vida, de cientos de cosas accidentales que están fuera de su control? El actor debe admitir que no tiene libre acceso a su propio talento a menos que utilice una técnica especial para ello. El gesto psicológico le proporciona esa técnica. Un sencillo esquema nos ayudará a aclarar y explicar esto.

La obra escrita proporciona al actor las primeras ideas sobre el tipo de gestos psicológicos que va a necesitar, incluidas sus cualidades. Al producir y practicar el gesto psicológico sugerido por el texto escrito, el actor se aproxima a los poderes creativos de su subconsciente. Llegados a este punto, los gestos psicológicos absorben la música, el ritmo y la belleza, el fuego y la intensidad de los pensamientos y las ideas del subconsciente del actor en sus formas más puras y cristalinas. Entonces, los gestos psicológicos se vuelven rítmicos. Parecen melodías más que actuación basada en un objeto o en una acción. Sus impulsos de voluntad, sus cualidades y sus atmósferas aún no se relacionan con ningún objeto concreto; todavía no son actuación real.

Desde el momento en que los poderes creativos del actor son estimulados y despertados por el trabajo sobre los gestos psicológicos, el actor abre sus ojos a la obra. La ve más que antes. Penetra en sus profundidades y en su verdadera relevancia. Empieza a ser movido por el contenido de la obra y del personaje que va a interpretar. Al mismo tiempo, el actor siente que crece y madura interiormente cada vez más para su futura interpretación escénica. Ya no necesita referirse a todo tipo de clichés, sino que, por el contrario, encuentra la fuente de su actuación en su subconsciente, que ahora empieza a inspirarle.

Los gestos psicológicos «musicales» se transforman paso a paso en la actuación, con todas las palabras, actividades, objetivos, partitura de atmósferas y situaciones que se dan en la obra y en el personaje que va a interpretar. Durante los ensayos, y luego en escena, el actor sentirá siempre que los gestos psicológicos, descubiertos meses antes, permanecen en todo momento tras él, para proporcionarle esa fuerza y esa belleza, ese encanto y esa relevancia que únicamente la individualidad creativa puede darle.

El actor dispuesto a aceptar nuestro punto de vista debe recordar que todo lo que hemos dicho debe convertirse en una especie de «instinto» positivo dentro de él. Por sí solo, el conocimiento no le servirá de nada. Debe sentir la necesidad de seguir por el camino correcto, moverse siempre mediante el gesto psicológico, desde la obra escrita hasta el subconsciente y desde allí hasta la actuación real. Para desarrollar esa inclinación constante y natural, el actor tiene que ejercitarla con paciencia y regularidad, incluso durante un largo período de tiempo.

Ejercicio 45
Escucha una pieza musical, preferentemente una que co-

nozcas bien, o recuerda una selección musical y óyela en tu imaginación. Mientras escuchas, trata de imaginar qué tipo de gesto psicológico puedes encontrar para incorporar el movimiento interno de la música con su correspondiente cualidad. Da lo mismo que tomes una frase musical o una serie de ellas. Lo esencial es que recibas inspiración para tu gesto psicológico a partir de una fuente tan alejada de todo naturalismo como la música. Ensaya varias veces y luego trata de encontrar otro gesto psicológico conectado con el primero. La propia música será tu guía. Ensaya el segundo gesto psicológico y luego realiza ambos a la vez, de acuerdo con sus conexiones musicales internas. Hazlo hasta que seas capaz de disfrutar de ambos en su conexión interna, armoniosa.

Ejercicio 46
Ejecuta ambos gestos psicológicos y luego añade un tercer gesto, que ahora deberá inspirarse no en la música, sino exclusivamente en ti mismo. Deja que tu tercer gesto nazca no solo de los dos anteriores sino de tu propio impulso interior libre, tu sentido de la armonía y del gusto y tu sentimiento de belleza. Ahora tienes tres gestos psicológicos. Empieza otra vez desde el principio y añade luego el tercero y un cuarto, un quinto, un sexto, y así sucesivamente, siempre sobre la base de tu libre improvisación. Pronto te sentirás tan libre que no necesitarás empezar otra vez desde el primer gesto, sino que podrás seguir indefinidamente y añadir un gesto psicológico a

otro, con una creación espontánea y totalmente intuitiva tanto de los gestos como de sus conexiones orgánicas.

Ejercicio 47

De forma gradual y prudente, intenta lograr que tus nuevos gestos se parezcan cada vez más a gestos de actuación. Intenta progresivamente darles un carácter realista, natural. Si lo haces despacio, paso a paso, obtendrás como resultado una larga cadena de gestos cuyo primer eslabón será un gesto puramente abstracto, musical, rítmico, en estrecha relación con tus impulsos creativos subconscientes, y cuyo último eslabón será un gesto de la vida cotidiana, concreto y verdadero desde el punto de vista naturalista. La larga serie de gestos intermedios serán una lenta transición desde los gestos y palabras «abstractos» hasta los «concretos». Puedes emplear cualquier frase corta, incluso desde el principio. A partir del último eslabón, intenta desarrollar una «escena» improvisada.

Cuando aprendas a hacer este largo ejercicio de modo ininterrumpido, llegará un momento en que tu propia naturaleza artística descubrirá lo que es realmente el proceso de transformar las propias capacidades creativas en una obra de arte concreta. Cuanto más tiempo dediques a este ejercicio, más verás surgir en ti una especie de sabiduría sobre ti mismo como artista, como actor. Muchas pequeñas y grandes experiencias, nuevas y desconocidas para ti, brotarán de tu alma, enriquecerán y darán rienda suelta a tu talento. El pleno control de la técnica del gesto psicológico pronto elevará tu nivel de actuación y te enseñará a economizar tiempo en la preparación de tu papel, pero sin sucumbir a las prisas ni a los entorpecedores clichés.

Creación del personaje mediante el gesto psicológico
Mucho antes de entender verdaderamente lo que es el gesto psicológico, viví tres experiencias aparentemente insignificantes, cuyo pleno sentido no estuve en condiciones de apreciar hasta mucho más tarde.

Mientras trabajaba en el papel de Erik XIV, de August Strindberg, en el Primer Estudio del Teatro de Arte de Moscú, hice muchas preguntas a mi director, Vajtangov, con la intención de penetrar en el corazón mismo del personaje y entenderlo de inmediato. Vajtangov forcejeaba consigo mismo durante bastante tiempo, en un esfuerzo por dar una respuesta satisfactoria a mis preguntas. Una noche, durante el ensayo, de pronto saltó y exclamó: «Ese es tu Erik. ¡Mira! ¡Ahora estoy dentro de un círculo mágico y no puedo atravesarlo!». Con todo su cuerpo, hizo un movimiento intenso y dolorosamente apasionado, como si tratara de romper un muro invisible delante de él o traspasar un círculo mágico. El destino, el sufrimiento interminable, la obstinación y la debilidad del personaje de Erik XIV se me mostró con toda claridad. A partir de aquella noche pude interpretar el papel con todos sus innumerables matices, a lo largo de los cuatro actos de la obra.

Otra experiencia que tuve fue la siguiente: durante uno de los ensayos de *El inspector* de Nikolai Gogol, Stanislavski, el director de la obra, mientras me hacía sus sugerencias para el papel de Jlestakov, hizo de pronto un movimiento muy rápido con sus brazos y manos, alzándolos mientras sus dedos, codos e incluso hombros vibraban. «Esa es toda la psicología de Jlestakov», dijo riéndose (su gesto era realmente cómico). Quedé cautivado por la acción de Stanislavski y de nuevo, al igual que en el caso anterior, pude hacer todo el papel de principio a fin sin dificultad. A partir de entonces supe cómo se movía Jlestakov, cómo hablaba, cómo sentía, lo que pensaba, cómo y qué deseaba, etcétera.

La tercera experiencia fue con Fiódor Chaliapin. En una ocasión, bromeando, se dedicó a plantearme preguntas sobre el método de Stanislavski y a contradecir cualquier cosa que yo dijera (aunque a la vez sentía un verdadero interés por el sistema de Stanislavski). «Bien –me dijo–, según "tu" método, puedes producir milagros en escena, ¿verdad? ¿Puedes incluso hacer que un hombre alto y grande como yo se convierta en una figura pequeña, diminuta? ¿No es así?» Y entonces hizo un movimiento con todo su cuerpo majestuoso y, para mi gran asombro, vi ante mí, durante un momento, a un hombrecillo de cuerpo pequeño y delgado.

¡Así, tres grandes maestros me mostraron sin darse

cuenta tres gestos psicológicos verdaderamente geniales! Lo que estos maestros hacían en momentos de inspiración, los actores contemporáneos podemos aprender a hacerlo, para ser capaces de emplearlo como uno de los medios de nuestra técnica profesional. Esto puede aprenderlo cualquiera que haya nacido con la más leve chispa de talento.

Cada personaje sobre un escenario tiene un deseo principal y una manera característica de cumplir ese deseo. Por muchas variaciones que el personaje pueda mostrar durante la obra en su búsqueda de su deseo principal, es en todo momento el mismo personaje. Sabemos que el deseo del personaje es su voluntad (el «qué») y que su manera de lograrlo es su cualidad (el «cómo»). Dado que el gesto psicológico se compone de la voluntad impregnada por las cualidades, puede fácilmente abarcar y expresar la psicología completa del personaje.

Mediante su imaginación, mediante la actuación con cualidades y otros medios, el actor profundiza más y más en su personaje. Su objetivo principal es absorberlo en su integridad. Este trabajo se puede hacer a la vez que se realiza el intento o la serie de intentos de crear un gesto psicológico para el personaje en su totalidad. El actor puede esforzarse por hallar dicho gesto en cualquier etapa de su trabajo, tarde o temprano. La técnica de aplicación del gesto psicológico es en este caso exactamente la misma antes descrita con respecto a otros casos. Para lograr este objetivo, lo que el actor necesita es destreza y experiencia suficientes, cosas que puede desarrollar mediante los ejercicios.

Ejercicio 48

Concéntrate primero en comprender, sencillamente, que el gesto psicológico se compone de un impulso de voluntad matizado por las cualidades. Mueve el brazo y el cuerpo en una determinada dirección. Comprende que tu voluntad encuentra su expresión a través de este movimiento. A continuación, añade a este movimiento de voluntad cualquier cualidad que se te ocurra, por ejemplo «alegría», «desconfianza», «obstinación», «cdecisión», etcétera. Comprende que de esta forma tan sencilla tienes en tus manos toda la construcción completa del gesto psicológico.

Ahora, empieza a combinar distintos gestos con distintas cualidades y practica cada uno de ellos durante el tiempo suficiente para poder hacer cualquier actividad naturalista sencilla, de modo que este gesto psicológico te sirva como una especie de guía o inspiración en toda tu actividad cotidiana. Si tu gesto psicológico era, por ejemplo, una cobarde agresión, toda tu actividad estará impregnada de una voluntad agresiva pero cobarde.

Ejercicio 49

Trata de hallar una caracterización externa para el gesto psicológico elegido: la postura de tu cuerpo, el tipo de movimientos empleados, tu forma de hablar y un maquillaje imaginario. Improvisa más actividades y palabras para este personaje. Trata de imaginarlo en escena mentalmente, como lo harías con cualquier otro personaje tomado de una obra. De este modo proporcionas a tu personaje recién nacido una especie de vida independiente. Desarrolla el personaje en tu imaginación durante tanto tiempo y tanto como quieras.

Puedes realizar este tipo de ejercicio durante un día o puedes volver a él durante un período de tiempo más largo. La esencia del ejercicio es sentir cómo el gesto psicológico se convierte en un personaje completo.

Ejercicio 50
Piensa en distintas personas a quienes conozcas bien y trata de descubrir qué tipo de gesto psicológico expresarían su voluntad y sus principales cualidades. Intenta imitarlos en su vida diaria, siempre con la intención de llegar al gesto psicológico que exprese toda la personalidad de la persona elegida para tu investigación. No muestres nunca el resultado de tu trabajo a las personas que inconscientemente te han prestado su ayuda.

Elige cualquier personaje de una obra de teatro o de una novela (los personajes de Dickens son el material más apropiado para este tipo de trabajo) y empieza a imaginarlo. Igual que antes, intenta descubrir el gesto psicológico del personaje elegido. Una vez encontrado, empieza a practicarlo hasta llegar poco a poco a las palabras y actividades descritas por el autor.

En un principio tendrás más éxito creando los gestos psicológicos de los personajes sin la ayuda de nadie. Si tu improvisación requiere la presencia de otras personas, puedes imaginarlas fácilmente y mantener tus diálogos con ellas como si estuvieran presentes. Crea gestos psicológicos para cada aspecto de tu personaje mientras observas a otros actores en escena o en el cine.

Prosigue tus ejercicios del modo siguiente: mira a personas desconocidas en la calle y trata de encontrar al instante en tu imaginación el gesto psicológico de sus personajes. La primera impresión fugaz que obtienes de esas personas desconocidas, que se cruzan contigo por la calle, debe ser la única base para tu descubrimiento instantáneo. No esperes un éxito inmediato en estos ejercicios. Sigue adelante por el puro placer de hacerlo. En este caso, como siempre, lo que importa es el esfuerzo.

Otras ventajas

Tan pronto como el actor empieza a valorar y poco después a disfrutar del trabajo con los gestos psicológicos, comprobará que ya no hay necesidad alguna de avanzar al azar, a trompicones y a tientas en la oscuridad. Todas las etapas de su trabajo se llenarán con la aplicación razonable del gesto psicológico. Su trabajo profesional se volverá seguro, exacto y rápido. Además, sentirá por propia experiencia que ahora es más original e individual que antes en su trabajo, porque el gesto psicológico solo puede producirse de modo totalmente individual. No puede ser imitado, en absoluto, ni siquiera cuando es propuesto desde fuera, por el director, por ejemplo. Un actor puede esforzarse muchísimo a copiar un gesto psicológico que le haya mostrado otra persona, pero pronto se convencerá de que, a menos que llene ese gesto psicológico externo con su propia voluntad y sus propias cualidades individuales, no significará nada en absoluto, significará incluso menos que un cliché. Esto se debe a que el gesto psicológico es lo más cercano que existe a la individualidad creativa del actor.

Otra ventaja del gesto psicológico es el efecto positivo que tendrá sobre el gusto del actor, que se desarrollará y se perfeccionará. En lo más profundo de su naturaleza creativa, el actor tiene un gusto irreprochable; lo que lo estropea, incluso desde la infancia, es el conjunto de impresiones vulgares, groseras y sin gracia de sus entorno, o más adelante, un modo superficial, poco escrupuloso, negligente y precipitado de expresarse en escena. En la profesión del actor, el gesto psicológico constituye el medio de recepción de impresiones mediante la exploración del papel y, a la vez, el medio de expresar sus concepciones artísticas en su forma inicial. En ambos casos, la individualidad supervisa estos procesos, los purifica y les transmite su elegancia.

La vitalidad y la fuerza de la expresividad del actor en escena también crecerán. El gesto psicológico, que posee una fuerza espiritual más que una fortaleza física, permite al actor renunciar a cualquier atisbo de precipitación, gesto forzoso, presión o tensión excesiva en su actuación. Estos signos de debilidad del actor suelen llevar más a la sobreactuación que a la expresividad. Por tanto, el actor no debe tener miedo a producir el gesto psicológico con la mayor fuerza posible, consciente de que más adelante esa fuerza lo ayudará a conseguir una actuación expresiva sin exageración.

El gesto psicológico también permite al actor enfocar su trabajo de forma consciente. Sabe lo que hace y tiene plenamente en cuenta cada paso que da. Pero el tipo de consciencia a la que nos referimos aquí es totalmente distinta de la que utilizaría para tratar de analizar su papel de forma fría, intelectualizada. El gesto psicológico se mantiene en un punto intermedio, entre el impreciso forcejeo sin rumbo y el árido razonamiento. Es fruto de la imaginación pura y positiva. En este trabajo consciente, el actor recibirá como recompensa la rica afluencia de la inspiración que proviene de su subconsciente.

Incorporación y caracterización

Los actores son los únicos hipócritas honestos.

HAMLET

Incorporación

El actor imagina con su cuerpo. No puede evitar hacer gestos o moverse sin responder a sus propias imágenes internas. Cuanto más desarrollada y más intensa sea la imagen, más estimulado se sentirá el actor a incorporarla físicamente a su cuerpo y a su voz. En esta capacidad natural del actor basamos nuestro principio de incorporación.

Supongamos que el actor ha visualizado en su imaginación un personaje que va a interpretar en el escenario. Poco a poco lo ve con mayor claridad en su mente. Aumenta su deseo de hacerlo físico. ¿Qué debe hacer para lograr su objetivo? Sería un error obligar a su cuerpo a incorporar plenamente la imagen, pues eso causaría una inmediata sacudida en todo su organismo. El esfuerzo quedaría físicamente anulado.

La primera expresión corporal no sería como la imagen interna. El actor se vería forzado a falsear su medio de expresión para crear la imagen del personaje. Los actores a menudo movilizarán todos sus hábitos de dicción y movimiento para fingir que sus viejos y manidos clichés son justo lo que el personaje necesita. En lugar de estos banales recursos, el actor debe observar al personaje en su imaginación, verlo moverse, oírlo hablar, visualizar mentalmente su vida interior. Debe fijar primero su atención en una determinada característica; estudiarla atentamente en su imaginación y luego tratar de incorporar solo esta única característica.

Digamos que el actor ve al personaje mover sus manos. Estudia ese aspecto y luego incorpora el movimiento como si lo imitara. Después de hacerlo varias veces, el movimiento imaginario alcanzará poco a poco una expresión veraz en el movimiento de sus propias manos. Puede proseguir hasta que su mismo aspecto psicológico y físico cambie y resulte más apropiado para el personaje. Si procede de este modo, al final incorporará el personaje íntegro y de una sola vez. Ha logrado su objetivo. Ya no se requiere la meticulosa incorporación de rasgos por separado, sino que el actor puede volver a ese trabajo más tarde, si llegara a perder parcialmente al personaje. Llegados a ese punto, esa incorporación le servirá para reorientarse por el camino adecuado.

El actor puede practicar la técnica de la incorporación sobre cualquier imagen elegida. Cuanto mejor sea la imagen, más valioso será el resultado de la incorporación y mayor riqueza tendrá más adelante el trabajo actoral.

Preguntas orientativas
Hay un modo de mejorar la imaginación bien entrenada y de profundizar en los medios de incorporación. Es el método de las preguntas orientativas. Pero ¿a quién puede preguntar el actor? Puede preguntar a su imagen, como lo haría con un amigo. Recibirá una respuesta si su imaginación es flexible y valiente. En lugar de adivinar si el personaje quiere llorar o esconder sus sentimientos, moverse o quedarse quieto, emplear este o aquel matiz al entrar en una habitación, qué tempo debe usar en este o aquel parlamento, etcétera, el actor le pide a su imagen que actúe ante su mente y que le muestre todas las posibles variaciones y matices.

El actor elige libre y objetivamente a partir de lo que ha visto. La imagen ensaya para él, orientada por sus preguntas. Las preguntas mejores y más sutiles encontrarán respuesta en una imaginación bien desarrollada. Así, mediante la orientación de su imagen a través de estas preguntas, el actor podrá ver la apariencia de los deseos del director, los del autor y los suyos propios. Cuanta más experiencia adquiera el actor en esta técnica de preguntas, más sutiles serán los detalles que empezarán a brillar en su imaginación. En la mayoría de los casos, estas preguntas orientativas avivan en el actor una inspiración verdadera y rica. El actor puede practicar este método de perfeccionamiento de su imaginación, destinado a incorporar las sutilezas del personaje, sobre cualquier imagen que elija.

Caracterización a través de la incorporación
Una imaginación bien desarrollada, las preguntas orientativas, un cuerpo sensible y el método de la incorporación, todo ello nos lleva directamente al siguiente punto de nuestro método: la caracterización. ¡Cuántos actores son víctimas del error de someterse a los clichés en su trabajo! Hay clichés para personajes ingenuos, heroicos, ancianos; para personajes divertidos, dramáticos o estúpidos; para personajes sabios o simples, etcétera. No creo que el actor crea de verdad que toda la humanidad pueda reducirse a tantos clichés, pero cuando está en escena cae muy a menudo en esa reducción. Pierde su capacidad de observar la vida real y se olvida de que a su alrededor hay personas.

Rudolf Steiner dijo: «Una y otra vez, se encuentra uno con actores que no conocen verdaderamente el mundo. Sin embargo, conocen bien los personajes de los escritos de Shakespeare, Goethe y Schiller. Conocen a Guillermo Tell, a Hamlet, a Macbeth, a Ricardo III. Conocen el mundo entero como reflejo de la literatura dramática, pero no conocen a personas reales». Esta es una grave verdad.

El actor debe protegerse de su peor enemigo, los clichés, mediante una constante y aguda observación de las personas vivas, con sus modales característicos e individuales. Debe observar con verdadera avidez cómo una determinada persona pone su pie en el suelo, cuál es su gesto favorito, por qué lo tiene, cómo limpia sus gafas y por qué no se las pone enseguida, cómo esconde su sentimiento de vergüenza, cómo se escucha con interés a sí mismo al hablar pero se aburre cuando oye hablar a otros, etcétera.

Pero el actor debe reparar en los rasgos característicos de la otra persona con humor y no sin sentido crítico. Debe adquirir el hábito de realizar tales observaciones. Luego, cuando las circunstancias lo permitan, intentará imitar, incorporar todos los rasgos característicos acumulados en sus observaciones. Este valioso material quedará almacenado en el subconsciente del actor y, una vez olvidado, aparecerá por sí mismo cuando sea necesario, de un modo transformado, individualizado. Enriquecerá y avivará la inventiva del actor y con toda seguridad le quitará sus clichés. Le enseñará a ver lo que otros no ven.

Max Reinhardt, cuyos poderes naturales de observación eran enormemente intensos, me dijo en nuestra primera reunión –después de haberme observado durante no más de cinco minutos– el papel que yo, durante muchos años, había ansiado interpretar. ¿Cómo lo sabía?

Mediante el entrenamiento de la observación, la imaginación del actor se diversificará y su sentido del humor también aumentará. Tarde o temprano, el actor llegará a la firme convicción de que no existen papeles que no tengan una caracterización, por leve y delicada que pueda ser. Dejará, de una vez por todas, de representarse a sí mismo en sus apariciones en escena. Le dará vergüenza representarse a sí mismo, porque se sentirá como si estuviera desnudo, como si su profesión fuera demasiado insignificante y fácil. ¿No es posible que Robert Edmund Jones tuviera en mente a este tipo de actores cuando escribió «Algunos actores me han hecho sentir incluso, a veces, que en lo más íntimo se sentían un poco avergonzados de ser actores»?

En la mayoría de los casos, cuanto más concreto es el papel, más alejado está del aspecto corporal del propio actor. Por supuesto, Falstaff no puede ser creado por un muchacho delgado; tampoco puede ser representada Juana de Arco por una dama pesada y anciana. Hay límites impuestos por la naturaleza del cuerpo del actor, pero este dispone también de posibilidades de cambiar su cuerpo en una medida mucho mayor de lo que podría pensar quien no lo haya experimentado consigo mismo. De nuevo se plantea la cuestión del enfoque correcto o erróneo de este problema.

Si, por ejemplo, un joven delgado trata de aparecer gordo e imponente en escena mediante el método externo de añadir rellenos a su cuerpo, podría no ser capaz de superar sus dificultades físicas o psicológicas. No resultaría convincente para el público, debido a su actitud interior, falsa. Este enfoque resulta tan obviamente erróneo que los actores actuales suelen tratar de evitar semejante artificialidad; para ello, procuran evitar los papeles que no puedan reflejar adecuadamente con sus propios cuerpos y rostros, o reducir todos los papeles a sus propias capacidades corporales. Pero esta no es la solución. Un actor así, ¿no se asemejaría al marinero que usa la misma vela para cualquier tipo de viento? Ningún verdadero actor puede estar convencido de que su profesión consiste en repetirse continuamente cada vez que tiene que interpretar un nuevo papel. El deseo y la capacidad de transformarse están en la esencia misma de la naturaleza del actor.

Cuerpo imaginario con su centro

¿Qué medios podemos sugerir para cambiar nuestros cuerpos lo más posible y de forma veraz? Aquí, una vez más, el actor debe apelar a su imaginación. Digamos que tiene que volverse, en escena, más alto y delgado de lo que es en realidad. El primer paso que ha de dar es imaginar, por así decirlo, otro cuerpo para sí mismo, crear un cuerpo imaginario más alto y delgado que el suyo propio. Pero debe imaginar esto dentro de su cuerpo real, visible, de modo que ocupe el mismo espacio. Debe imaginar su cuerpo imaginario o invisible muchas veces hasta tener una imagen clara de ese cuerpo.

El siguiente paso será un proceso meticuloso que consiste en colocar el cuerpo del actor dentro del cuerpo imaginario, tratar de mover el cuerpo físico para que siga los movimientos característicos y la forma del cuerpo imaginario. Si el actor levanta su largo y delgado brazo imaginario, mueve también su brazo real dentro del otro brazo. Con este tipo de práctica, el actor comprobará que su forma de mover el brazo real empieza a transmitir la impresión de que es largo y delgado. Sin emplear ningún medio externo, creará la impresión de tener otro brazo, únicamente mediante su movimiento. De este modo, el actor adquiere otras piernas, otra espalda, otro cuello y, finalmente, recrea todo su cuerpo, miembro a miembro.

Poco a poco, la necesidad de imaginar el cuerpo invisible desaparecerá. Esta era solo una etapa preliminar, preparatoria. Una nueva experiencia en su propio cuerpo real le permitirá sustituirlo por el cuerpo imaginario. Ahora ya puede ayudarse con la creación del vestuario característico que acentuará los rasgos necesarios del personaje. Incluso los rellenos, si es preciso, son ahora permisibles. El actor ya no mentirá interiormente por el hecho de usar esos elementos externos.

Se puede seguir el proceso de trabajo sobre el cuerpo imaginario, con precisión y con todo detalle. A este perfeccionamiento, el actor debe añadir el centro imaginario al que antes nos hemos referido. El centro imaginario proporciona al cuerpo entero una apariencia armoniosa, debido a que, al situarse en medio del pecho, acerca el personaje al cuerpo ideal. Pero ahora vamos a considerar este centro desde el punto de vista de la caracterización. Tan pronto como el actor desplaza este centro a otro lugar de su cuerpo, el cuerpo ideal cambia y adquiere un aspecto definido. Por ejemplo, el actor puede colocar el centro en su cabeza, en cuyo caso puede sentir que su mente se vuelve más activa y empieza a interpretar un papel específico con todo su aspecto interno y externo. Esta aplicación general del centro, colocado en la cabeza del actor, pasará por innumerables variaciones según el tipo de personaje que el actor vaya a interpretar.

Si se va a representar a Fausto, por ejemplo, el centro situado en la cabeza permitirá al actor interpretar la sabiduría de Fausto, pero si el actor va a representar a Wagner, el amigo de Fausto, el centro puede ayudarle a expresar la intolerancia fanática. Surgirán más matices si el actor se imagina libremente el centro de maneras totalmente distintas en diversos casos. El centro en la cabeza de Fausto, por ejemplo, puede ser un centro bastante grande, ligero e irradiante, mientras que el de Wagner podría ser imaginado como un centro contraído, pequeño e incluso duro. El centro puede colocarse en cualquier parte: en el hombro, en uno de los ojos (por ejemplo, Tartufo o Quasimodo), en el estómago (Falstaff, Sir Toby Belch), en las rodillas (Aguecheek), de modo que se pueda crear una caracterización externa a la vez que psicológica humorística; delante del cuerpo (Próspero, Hamlet, Otelo), detrás de la espalda (Sancho Panza), etcétera. Todas las variaciones imaginables son posibles y correctas si el actor las encuentra de acuerdo con la interpretación del papel, la suya propia y la de su director.

A título de ejemplo, imaginemos que el actor va a interpretar el papel de Don Quijote. Desde el principio mismo de su trabajo, ha usado su imaginación y ahora analiza las aventuras de aquel glorioso caballero. La tarea que el actor se plantea ahora consiste en extraer de sus visiones algunos rasgos característicos del propio Quijote. Donde quiera que lo vea, ya sea mientras hace la guardia con sus armas, o mientras cabalga de espaldas a través del desierto por la noche o mientras atisba el yelmo de Mambrino, puede ver los sentidos de Don Quijote en tensión, su conciencia abierta y ensanchada, en tanto que su mente busca por toda la Tierra la presencia de perversos magos ocultos –ellos lo observan y él los observa a ellos–. Sus rápidos pensamientos, su corazón palpitante y su obstinación serán asequibles para el actor casi desde el principio gracias a su imaginación vital. El actor empieza a interrogar a la imagen.

«Mientras montas guardia, muéstrame las posiciones de tu cabeza, tu cuello y tus hombros.»

La figura cubierta con un yelmo empieza a cambiar levemente, de forma apenas perceptible, como si fuera moldeada desde dentro. Los hombros caen, el cuello se estira hacia arriba cada vez más, trata de alzar cada vez más la inquieta y atribulada cabeza, como si quisiera alcanzar el centro nervioso que da vueltas sobre ella. ¡La imagen se parece a un pájaro gigantesco, absurdo y solitario en estado de alerta!

«Muéstrame tu rostro.»

Los ojos se abren de par en par y miran a lo lejos, sin ver. La fina y enmarañada barba sobresale y apunta hacia lugares distantes y desconocidos. Los labios mascullan maldiciones y amenazas contra los violadores, oraciones por las víctimas.

«Muéstrame tus brazos y tus manos.»

Desde los hombros encorvados caen, impotentes: brazos largos, larguísimos; manos pesadas y ociosas; dedos infantiles, separados; codos puntiagudos. El cuerpo imaginario moldea todo esto para el actor en respuesta a sus «preguntas orientativas».

«¡Muéstrame tus piernas y tus pies!»

Un repentino e intenso impulso de voluntad endereza las finas piernas del «pájaro en estado de alerta». ¡Está preparado para dar un gran salto con el objetivo de acabar con un hechicero, brujo o bruja, de un solo golpe! Cuanto más se estiran sus viejas piernas, más sobresalen las rodillas. Son exactamente igual que los codos, pero apuntan en otra dirección. Fuertemente armados pero llenos de parches, los zapatos soportan sobre sus tacones todo el peso de la enjuta y desgarbada aparición. Los dedos de los pies apuntan hacia arriba. La posible construcción del cuerpo imaginario resulta cada vez más clara para el actor.

«Ahora, ¡el enemigo está a la vista!»

¡En muy poco tiempo, todo ha cambiado! El centro, «la atalaya», se desplaza a toda velocidad hacia abajo y se detiene en medio del cuerpo, lo dobla en dos, levanta ambos hombros, junto con los brazos y las manos. Uno de los guantes, con menos dedos, salta por los aires.

«¡Al ataque!»

¿Qué ocurre? La figura armada salta hacia el enemigo... retrocede... (¿por qué no avanza?)... dos, tres pasos... y entonces gira... una y otra vez. El centro (ahora pequeño y oscuro) retrocede y avanza cautelosamente... (pero ¿por qué retrocede?). El actor lo sabe mejor que el propio caballero... (¿acaso no está dentro de él?). ¡Hay demasiada sospecha, demasiadas adivinanzas, demasiadas suposiciones, en la naturaleza del viejo caballero!

«Ahora, sobre el rasgo característico más importante, ¡la sospecha! Muéstrame algo más.»

En una mesa de una taberna se sienta una figura con yelmo, erguida, con un arenque ahumado en la mano. A la derecha se sienta Sancho masticando. Al otro lado de la mesa se encuentra la princesa (la ramera). A la izquierda de la figura se sienta el anfitrión de cara colorada. ¿Quién es? ¿Un sabio? ¿Un mago? ¿Un noble de alta cuna? ¿Un «Grande de España»? ¿Un sinvergüenza? Don Quijote mira a la derecha, la mirada rápida, el hombro izquierdo alzado, la ceja derecha arqueada, los labios apretados... preocupado... trata de adivinar. Todo su delgado cuerpo imaginario es anguloso, asimétrico, totalmente torcido, proyectado hacia fuera; su centro gira en torno al anfitrión, pendiente, inclinado hacia él... ¡cargado de sospecha! Vemos un valle en la madrugada... ruido distante... un gruñido... sordo... amenazador. ¿Es una banda de magos despreocupados? ¡Qué vengan! El caballero vuelve su oído hacia ellos y al mismo tiempo aparta toda su figura envuelta en la pesada armadura... la orientación correcta se pierde durante un momento. El centro, situado en la parte superior del pecho, aumenta cada vez más de tamaño, perturba los latidos del corazón y la respiración hasta que está a punto de estallar. El cuerpo invisible se prolonga en las piernas, pero crece y se hincha en el pecho. Las cejas se arquean, el cuello se inserta en los hombros. La lanza bien sujeta en la mano. ¡El «pájaro» está a punto de volar, desconfiado, alarmado!

Ahora nos encontramos en su hogar de La Mancha. Está enfermo, herido, exhausto. Se oyen prudentes pasos detrás de la puerta, una y otra vez. ¿Son el ama de llaves, la sobrina, el médico, el cura? ¿Quién lo sabe? Don Quijote, tendido en su lecho, debajo de la manta, totalmente estirado, como si lo hubieran planchado, esparce su centro por la pequeña estancia, en diagonal, lo cuelga como un farol cuya luz tiembla débilmente, encima de la puerta. La cabeza y los ojos están vueltos hacia otro lado, como siempre cuando se sospecha. El cuerpo imaginario, incluso más debilitado que el real, tira del cuerpo físico más y más hacia abajo, de modo que ambos cuerpos parecen cada vez más alicaídos... dubitativos... inquietos.

Este juego libre de actuación con el cuerpo invisible y el centro, durante el proceso de imaginación, clarifica al actor lo que puede ser realmente la caracterización. Aunque es móvil, flexible, increíblemente fluida, en cierto modo puede servir para el personaje en su conjunto. Por ejemplo, Don Quijote podría tener, como forma constante, característica, un cuerpo invisible, alto y delgado, con el centro muy arriba.

Este cuerpo imaginario, con su centro, supone para el actor un fuerte estímulo para interpretar, lo mismo que sucede con el gesto psicológico. La fuerza moldeadora e impulsora se encuentra en el interior y detrás de la imagen. Tan pronto como la imagen se materializa en la mente del actor, el cuerpo invisible puede aplicarse a todas las etapas posteriores del trabajo creativo.

Mediante nuestro ejemplo queremos referirnos también a la necesidad de que el actor, mientras busca la caracterización, recurra en primer lugar al aspecto psicológico del personaje. Los rasgos externos vendrán siempre después. El gesto psicológico, el cuerpo imaginario y el centro no son otra cosa que el vínculo entre la psicología y los medios externos de expresión del actor.

La práctica adecuada con el cuerpo imaginario y el centro harán que estos sean absolutamente necesarios para el actor, le proporcionarán placer y alegría y se convertirán en una especie de hábito en el planteamiento creativo de su trabajo. Cuando llegue a esta etapa de desarrollo, el actor podrá, por primera vez, apreciar de veras el valor de estos aspectos técnicos y se dará cuenta de la cantidad de tiempo y energía que podrá ahorrar al aplicarlos a su trabajo creativo.

Ejercicio 51

Piensa en una forma cualquiera del cuerpo imaginario elegido. Piensa en tu propio cuerpo situado dentro del cuerpo imaginario. Coloca, de forma arbitraria, el centro imaginario en cualquier punto del cuerpo imaginario. Visualízalos con la mayor claridad posible. Asigna al cuerpo y al centro las cualidades que desees. Recuerda que el centro puede ser imaginado libremente, sin ninguna restricción, como grande, pequeño, de tamaño variable, móvil, oscilante, giratorio, en actitud de alejarse o acercarse, etcétera. A continuación, piensa en el tipo de personaje que tienes entre manos. En este ejercicio, como verás, tienes que retroceder desde el cuerpo y el centro inicial, combinados de forma arbitraria, para crear la psicología del personaje.

Ahora trata de moverte en el personaje. Hazlo hasta que te sientas totalmente libre en él. Empieza a improvisar algunas palabras o frases adecuadas, una vez hayas encontrado la forma correcta de hablar. A continuación, añade alguna actividad, que puede ser sencilla pero apropiada. Hazlo hasta que te sientas lo bastante libre como para disfrutar de tu personaje, con su lenguaje y su actividad. Efectúa ligeras alteraciones en el cuerpo y en el centro imaginarios. Sigue con cuidado y atención estas alteraciones, que darán lugar a la psicología del personaje.

Ejercicio 52
Escoge un personaje de una obra teatral o literaria. Esta vez, sigue el trayecto desde la psicología hasta el cuerpo invisible y el centro. Empieza por imaginar el personaje elegido. Cuando el personaje esté claro para ti, comienza a incorporarlo poco a poco. Cuando hayas logrado libertad suficiente con respecto al personaje incorporado —no es preciso incorporar el personaje a lo largo de toda la obra— dedícate a buscar sus rasgos característicos.

Ejercicio 53
Puedes plantearte la tarea de crear cinco personajes distintos en media hora, uno tras otro. En este corto período de tiempo, trata de hacerlos lo más ricos y completos que puedas. Intenta encontrar sus cuerpos imaginarios y sus centros característicos. Busca su forma de hablar y sus acciones típicas. Repite este ejercicio día tras día, una vez al día, hasta que puedas hacerlo fácilmente. Entonces, acorta el tiempo a veinticinco minutos, luego a veinte minutos. No desarrolles tus personajes, no vuelvas a ellos al día siguiente, déjalos en forma de esbozo.

Del texto a la sala de ensayos

Siempre hay que recordar que no hace falta aprender lo que uno ya es capaz de juzgar. Por tanto, si solo se quiere juzgar, ya no se puede aprender nada más.

RUDOLF STEINER

El objetivo
El objetivo, lo planteó Constantin Stanislavski, quien lo describe en su libro *El actor se prepara*. En pocas palabras, el objetivo tiene que ver con cómo componer en escena los impulsos de voluntad del actor en conexión con el contenido de la obra. Todo el mundo desea siempre algo, tiene siempre una meta. Esta meta dirige todas las acciones, el comportamiento y las palabras de una persona. En la vida, muchos fines se entrelazan en un conjunto psicológico complejo, que en gran parte reside en las regiones medio conscientes e incluso subconscientes de la persona. Para el actor en escena, sin embargo, la

expresión del objetivo del personaje debe ser un esfuerzo consciente.

Al conocer el objetivo, el actor dirige su actuación de tal modo que el texto y la actividad llevan a la realización del objetivo. Esta intencionalidad por parte del personaje hace la actuación más perceptible y proporciona a la obra una sólida columna vertebral. Un objetivo consciente, mantenido durante el período de ensayos, se vuelve poco a poco inconsciente e influye sobre el comportamiento del actor en escena. A continuación se añaden algunas sugerencias sobre la utilización del objetivo.

Dos maneras de encontrar el objetivo
Es demasiado fácil, y por tanto demasiado tentador, definir el objetivo mediante un análisis seco e intelectualizado. En ese caso, el peligro reside en la dificultad de transmitir el objetivo desde la esfera puramente mental al terreno de la voluntad del actor, que es al que pertenece. El intelecto tiene la peculiaridad de conservar en su propio ámbito las cosas que ha comprendido. Allí se vuelven frías e inactivas. El objetivo así apresado por el intelecto no puede tener ninguna utilidad para el actor. Todo lo que haga en escena con un objetivo entendido de una manera tan intelectual resultará artificial, preconcebido, pobre y seguramente engañoso.

En primer lugar, se necesita la imaginación para encontrar el objetivo. Esto significa que el actor ve mentalmente actuar a su personaje y, mientras lo observa, se esfuerza por adivinar cuál puede ser su objetivo. Al observar las imágenes vívidas de su imaginación de forma activa, y no solo mediante el razonamiento, el actor puede confiar en resolver el problema del objetivo. Su propósito es ver el objetivo antes de conocerlo. «Hay un ojo externo que observa y hay un ojo interno que ve», escribió Robert Edmund Jones; a este ojo interno es al que apela el actor cuando busca el objetivo mediante la imaginación. Puede estar seguro de no fracasar en esta búsqueda siempre que no intente forzar el resultado impacientemente. No se puede forzar el proceso de experimentar a través de la imaginación. Es inútil y peligroso intentarlo, porque el intelecto está siempre al acecho. Cuando se llega a él a través de dicho proceso, el objetivo aparece como una revelación agradable, algo que alienta la voluntad del actor, cosa que nunca se puede lograr mediante el razonamiento.

La segunda manera de hallar el objetivo es la siguiente: actúa varias veces de modo espontáneo y luego pregúntate: ¿Qué he hecho? ¿Qué pretendía?. Esto es buscar el objetivo mediante el recurso a la propia voluntad. Una vez más, antes de conocer qué es el objetivo, lo experimentamos. Mientras actúa con libertad en diversos momentos o escenas, el actor debe mantener un «ojo vigilante» sobre sí mismo. Tanto si la respuesta se produce mientras actúas como si surge más tarde, lo hará desde el ámbito de tu voluntad. Evitará la esfera de tu razonamiento intelectual. Puedes hacer esto fácilmente mientras inorporas retazos de tu papel, o puedes empezar a actuar con el propósito exclusivo de encontrar el objetivo. En tal caso, no tienes que actuar a fondo, como lo harías si estuvieras ante un público. Obtendrás el resultado deseado incluso con meras insinuaciones de tu probable actuación, como si hablaras y te movieras a hurtadillas. Puedes hacerlo tú solo o con otros compañeros. Si eliges objetivos sencillos y evidentes, debes cerciorarte de no mantenerlos solo en tu esfera mental, debido a su obviedad.

Fijar y elaborar el objetivo

En los dos modos propuestos para encontrar el objetivo, la misión del intelecto consiste en comprender y fijar lo ya encontrado. Pero el mejor modo de fijar, afinar y ejercitar el objetivo es mediante el gesto psicológico. El intelecto solo puede fijar el objetivo mediante una formulación verbal: «Deseo...»

Esto se convierte en un símbolo del objetivo, pero no en el objetivo mismo, mientras que el gesto psicológico, como voluntad materializada, es el objetivo. Un símbolo verbal no puede ser ejercitado por el actor, solo sirve para recordarle lo que tiene que ejercitar y desarrollar. El gesto psicológico, sin embargo, puede someterse a cualquier tipo de elaboración, crecimiento y desarrollo. Cada «Deseo...» puede convertirse en un gesto psicológico.

Extender el objetivo por todo el cuerpo

Como hemos dicho, el gesto psicológico ocupa todo el cuerpo, el ser entero del actor, y lo mismo hará el objetivo en el momento en que se convierta en ese tipo de gesto. Por ejemplo, cuando una madre abraza a su hijo, quizá con el objetivo de «fundirse» (gesto psicológico) con el ser que ama más que a sí misma, esto se siente en sus piernas, sus brazos y todo su cuerpo. Una persona que tiene miedo y quiere huir (el gesto psicológico) del objeto de su temor, siente el impulso de huir en todos sus miembros y en todo su cuerpo, hasta en las puntas de sus dedos. Una persona muy cansada, que se sienta en una silla con el objetivo de levantarse (el gesto psicológico), experimenta el deseo de levantarse en todos sus miembros mucho antes de poder hacerlo. Si el cuerpo del actor y todo su ser no han sentido la experiencia de estar tangiblemente repletos de un determinado contenido de voluntad, como en el caso del gesto psicológico, puede estar seguro de que aún no ha encontrado el verdadero objetivo, el impulso interior que le servirá de guía e inspiración.

El objetivo como imagen

Si una madre desea estrechar a su hijo contra su pecho, en su imaginación ya lo hace. Si una persona cansada desea levantarse de un sillón, en su imaginación ya se levanta. Leon Tolstoi dijo que si alguien está obsesionado por el deseo de venganza, se siente estimulado por imágenes de castigo. Estas imágenes aumentan y refuerzan su objetivo. Pero lo único que tiene que hacer es cambiar esas imágenes por otras y su objetivo cambiará. Si intenta ver a la otra persona totalmente derrotada, severamente castigada, aplastada, su objetivo dará paso a otro, quizá a un deseo de perdonar, ayudar, reconciliarse. El actor puede usar estas imágenes para sus objetivos, puede elegirlas libremente en función de su papel y de las situaciones de la obra.

Por ejemplo, «deseo arrebatarle su secreto» podría ser el objetivo. A lo largo de muchas escenas, quizá incluso a lo largo de toda la obra, el personaje puede mantener ese objetivo tan genérico. Pero en cada escena podría tener distintos medios y distintas oportunidades de «arrebatar» ese secreto. Esto ofrece al actor un rico material para inventar diversas imágenes, concretas pero distintas, en el cumplimiento de su objetivo. Supongamos que el personaje con el objetivo mencionado se encuentra con otro en una habitación llena de gente. El primer personaje busca la oportunidad de tener una inmediata conversación con el otro. Su objetivo lo empuja a ello. En la mente del actor, en este momento, puede aparecer una imagen de esa conversación suya con el otro personaje, lo cual indicaría que la imagen concreta del objetivo está a punto de realizarse. La imagen se convierte en una fuerza de aliento e inspiración en la voluntad del actor.

Tomar y soltar el objetivo
Al practicar y utilizar el objetivo en los ensayos, debemos

soltarlo por completo una vez conseguido, sin conservar ningún impulso indefinido, ningún recordatorio, por impreciso que sea. De lo contrario, la actuación del actor adoptará una forma plana, lineal. No obstante, cuanto más claras sean las etapas inicial y final de la utilización del objetivo, con mayor fuerza podrá el actor sentirlo primero y soltarlo después.

Ejercicio 54
Toma cualquier escena corta de una obra. Selecciona una o varias frases y algunas actividades correspondientes al personaje; luego, actúa con ellas, para tratar de descubrir el objetivo.

Ejercicio 55
Observa a personas desconocidas de tu alrededor. Trata de adivinar cuáles podrían ser sus objetivos en el momento de tu observación.

Ejercicio 56
Elige un objetivo sencillo –salir de la habitación, tocar un objeto escogido, mover una silla de sitio o abrir una determinada página de un libro– y llévalo a cabo. Hazlo tantas veces como sea necesario para experimentar realmente la fuerza impulsora de un objetivo.

Ejercicio 57
Escoge una frase y alguna actividad. Por ejemplo, recoge

una carta de manos de un compañero con las palabras «¡No envíes esa carta ahora, puede ser peligroso!». El compañero puede ser real o imaginario. Tu objetivo es impedir el envío de la carta. Realiza el objetivo en formas distintas: persuasión, orden, súplica, amedrentamiento, amenaza, adulación, etcétera. Preocúpate de que tus palabras y movimientos estén en armonía unas con otros y ayuden realmente al objetivo.

A continuación, crea unas improvisaciones sencillas y breves con objetivos y atmósferas.

Actividad
Mediante una intensa concentración y una viva imaginación, junto con el uso del gesto psicológico como soporte de la actuación, la euritmia y la formación del habla de Rudolf Steiner, el objetivo y la atmósfera, el actor sentirá algo semejante al proceso del despertar. Su actividad interior aumentará y buscará una salida. Experimentará continuamente la presencia de un impulso en favor del trabajo creativo. Sentirá que todo lo que hace en escena se realiza con facilidad y llega al público. Cuántas veces el actor extrae en escena sus palabras, sentimientos y movimientos como a empujones, sin tener ningún verdadero impulso para ello, con la esperanza de que ese impulso se produzca mecánicamente. Esta es la actividad errónea. El actor empuja las palabras, los sentimientos y los movimientos, en lugar de permitir

que fluyan bajo el impulso natural, intrínseco de la actividad.

¿Cuál es la diferencia entre estos dos tipos de actividad? La incorrecta se limita casi siempre a una determinada parte de nuestro ser, ya sea el órgano del habla o los miembros que movemos. La actividad correcta no se ubica en un sitio concreto. Esta actividad impregna todo el ser, tanto psicológica como físicamente. Mientras que la actividad incorrecta trata de crear hábitos que se convierten en clichés teatrales, la actividad correcta busca siempre medios de expresión nuevos y frescos, y no permite los clichés, que supondrían, automáticamente, una traba para ella.

La actividad incorrecta nos agota rápidamente, mientras que la actividad correcta nos llena de nueva vida y nuevos deseos de crear. Mientras que la actividad incorrecta provoca contracción en nuestro cuerpo y en nuestro alma, la actividad correcta nos libera y nos lleva a la expansión. El actor debe discriminar en sí mismo ambos tipos de actividad e intentar ceñirse siempre a la correcta.

Siempre hay en nosotros obstáculos que limitan y apagan la actividad adecuada, pero una vez encontrada, el actor ha de esforzarse por mantenerla.

Es importante entender que hay tres grados de actividad en nuestra consciencia: el sueño, el despertar y la creación. La última es, por supuesto, la más elevada y la más fuerte. El estado creativo debe estar activo en el actor incluso en los ensayos. El actor no ha de creer que puede aparecer en escena con el mismo grado de actividad que posee en su vida privada. Esta creencia errónea le impide comprender que, en escena, el nivel de su vida privada es siempre inferior al que mantiene en su existencia cotidiana. Pese a su deseo de parecer natural, transmite la impresión de ser un muñeco sin vida. Le falta ese mayor grado de actividad que es lo único que permite que el público vea al actor «como en la vida real».

Esto no tiene demostración lógica y debe dejarse a la imaginación del actor para que él pueda verlo con sus propios ojos. Estas son las palabras del actor francés Constant Coquelin: «Como actor, estás en el teatro, no en la calle ni en casa. Si llevas a escena la acción de la calle o del hogar, se parecerá mucho a lo que sucedería si colocas una estatua de tamaño natural encima de una columna: ya no parecería de tamaño natural». El público y los críticos se han acostumbrado a este naturalismo antinatural en el teatro actual; sus opiniones, por tanto, no pueden servirnos de orientación.

El actor se siente a veces tan cómodo, tan irresponsablemente a sus anchas en el escenario, que se sumerge en esa comodidad y corre incluso el riesgo de caer en la apatía. Actúa exactamente igual que si estuviera en su casa. En tal caso, ¿a quién corresponde la «sencillez» que se nos obliga a ver en escena? ¿Al actor? Eso no nos interesa. Pero ¿dónde está el personaje? Ahogado bajo la sencillez personal del actor. Pero ¿no debería ser sencillo el personaje? Sí, por supuesto. La mayor hazaña es mostrar a Hamlet,

Lear, Próspero, Lady Macbeth, Julieta y Otelo con la máxima sencillez. Estos personajes deben convertirse en seres humanos y no en figuras muertas y vacías. Entonces parecerán sencillos en el escenario. Pero el actor solo puede encontrar esta sencillez detrás de sus grandes palabras y acciones si sacrifica su «sencillez» personal. La sencillez del personaje es el resultado de una mayor actividad y puede implicar un trabajo preliminar muy complejo por parte del actor. El personaje debe estar siempre presente en el escenario. Esto es un axioma.

Irradiación
Como resultado de mantener la clase de actividad correcta, el actor comprobará que ha adquirido la capacidad de irradiar desde sí mismo, mientras está en escena, emociones, sentimientos, impulsos de voluntad e imágenes. Apreciará esta capacidad como uno de sus más poderosos medios de expresión y, tan pronto como sea consciente de ella, podrá apoyarla y aumentarla mediante su esfuerzo consciente. Su hábito de concentración reforzará también esa capacidad.

En escena, el actor se sentirá como una especie de centro que se expande continuamente en cualquier dirección que desee. Aún más, el actor podrá, mediante su poder de irradiación, transmitir al público los más delicados y sutiles matices de su actuación, el significado más profundo del texto y de las situaciones. En otras palabras, el público recibirá el contenido del momento escénico junto con la más íntima y personal interpretación del actor sobre dicho momento.

Si la atmósfera sostiene el peso del contenido en general, la irradiación lo sostiene en detalle. Tomemos un ejemplo: el rey Claudio asiste a la representación que Hamlet ha organizado para él. La atmósfera general de la escena muestra la creciente tensión que precede a un desastre. La obra prosigue. En la consciencia culpable de Claudio crece cada vez más la fuerza del caos. Se aproxima el punto culminante. La tensión estalla. «¡El rey se levanta!», grita Ofelia. Pero el horrorizado rey, el centro de toda la atención, exclama: «¡Traed luz! ¡Salgamos!», y abandona el escenario. Eso es todo.

Si el actor que representa al rey Claudio desea basarse solo en las palabras y en su significado, sin duda tropezará con grandes dificultades. Miedo, odio, remordimiento, el irresistible impulso de huir sin perder su alta dignidad, pensamientos de venganza y rápidos esfuerzos por ocultarlos, junto con la incapacidad para comprender la nueva situación: el actor debe transmitir al público todas estas cosas y muchas más en ese momento culminante. ¿Cómo puede hacer todo eso por medio de unas pocas palabras con tan poco contenido, mediante una acción tan primitiva como la huida repentina? En tal caso, el público se perderá toda la riqueza del «infierno» de Claudio.

Seguramente se perderá si, en un momento tan decisivo de la obra, no se produce un fuerte e incontenible caudal de irradiación. Si todo lo que convierte al rey Claudio en esta escena en un salvaje aunque noble animal está presente en el alma de un actor que posea la capacidad de la irradiación, el personaje llegará al público en un instante, pese a la escasez de palabras y a su exigua actividad. Más aún, dicha irradiación hará que las palabras y la actividad resulten mucho más elocuentes e impresionantes. Esas cosas indescifrables e indescriptibles que el actor ha acumulado en su alma mientras trabajaba creativamente en su papel, se transmitirán únicamente a través de la irradiación. Así, un medio intangible de expresión puede convertirse en la parte más tangible de la representación, de tal modo que se desvele en tanto la obra y el personaje como el rostro individual del actor que se oculta tras ambos. Aunque hemos dicho que la actividad y con ella la irradiación surgen por sí mismas, mediante los ejercicios es posible acelerar el proceso de desarrollo de un actor y reforzar ambas capacidades.

Ejercicio 58
Marca una línea en el suelo como si fuera el umbral de una puerta que tienes que cruzar. Acércate desde lejos, pero ten en cuenta que cuando la cruces, mediante un impulso repentino, deberás aumentar tu actividad al máximo. Haz esto muchas veces, hasta estar seguro de no tensar tus músculos en lugar de producir un destello psicológico de actividad. Si lo haces correctamente,

experimentarás una repentina expansión, mientras que los músculos tensos solo provocarán una contracción interna.

A continuación, añade a este destello repentino de actividad un fuerte impulso para irradiar desde tu pecho directamente hacia delante. Evita toda tensión muscular. Puedes variar el modo de irradiación. Estira tus brazos hacia un punto definido; mira con los ojos muy abiertos hacia un determinado punto, con irradiación desde los ojos; irradia desde tu frente; abre los brazos y las manos, irradia desde las palmas de las manos; irradia mientas mueves una mano desde un punto de la habitación a otro; haz lo mismo con la mirada, con todo tu cuerpo, y así sucesivamente.

Ejercicio 59
Hasta ahora has irradiado tu actividad de un modo muy general. Elige ahora una cualidad (o sentimiento); aproxímate al umbral y haz el gesto, con irradiación de la cualidad elegida. Efectúalo con distintas variaciones. Busca una palabra o frase para la cualidad elegida y pronúnciala con la intención de irradiarla junto con el gesto.

Ejercicio 60
Trata de suscitar tu actividad y tu poder de irradiación mientras te mantienes físicamente inmóvil. Hazlo varias veces. Irradia desde partes concretas de tu cuerpo, siempre en una única dirección.

Ejercicio 61

Elige una acción concreta y hazla con intención de seguir tus irradiaciones activas sin definirlas de antemano. Hazlo primero sin ninguna cualidad definida, luego con cualidades y por último con palabras. Sigue con improvisaciones (solo o con otros compañeros). No debes prestar ninguna atención a la actividad ni a la irradiación, sino dejar que aparezcan en ti de forma inconsciente, por sí mismas.

Relevancia

Como resultado natural de la actividad y de la irradiación, el trabajo del actor se volverá relevante en todos los momentos de la fase en que se encuentre. Este hecho es incluso más importante para el éxito de la actuación en su conjunto que para el propio actor.

Imaginemos que en escena ha sucedido un acontecimiento de importancia, pero el actor lo transmite al público de forma irrelevante. El momento importante resulta innecesario, pierde su conexión con lo esencial de la obra. La representación pierde su armonía y la idea de la obra se oscurece. Pero lo mismo, o incluso peor, sucede si el actor le da excesiva relevancia a un acontecimiento de importancia secundaria. Este error altera por completo la percepción del público del espectáculo en su conjunto. Los espectadores, instintivamente, dejan de fijarse en el espectáculo como acontecimiento teatral y apartan su atención de los actores y de su arte.

Cuando un acontecimiento de importancia secundaria es interpretado de forma totalmente irrelevante por el actor, el acontecimiento resulta pesado e incluso perturbador. Por tanto, podemos decir que un cierto grado de relevancia debe estar siempre presente, con su intensidad regulada por el buen gusto del actor y del director. Los acontecimientos totalmente irrelevantes no tienen cabida en escena. Si en el escenario se impone una actuación irrelevante, el espectador empieza a buscar inútilmente algo que pueda suscitar su interés. Al final, se siente distraído y molesto por la irrelevancia y por el aluvión de impresiones fastidiosas. «Me sentí realmente cansado durante el espectáculo –dice–, aunque en el escenario no pasaba nada fuera de lo corriente.» Justamente en este «nada fuera de lo corriente» reside la influencia agotadora de la irrelevancia.

La cuestión que puede plantearse entonces es si el espectáculo no resultará pesado, agobiante e inaguantable debido a esta constante relevancia. ¿No se sentirá el público agotado por la constante sucesión de acontecimientos relevantes en escena? Aunque en teoría puede parecer así, la experiencia nos demuestra que la reacción del espectador es totalmente distinta. Cuanto más relevante sea la impresión causada por la pieza artística, más armonioso será su equilibrio y mayor satisfacción dará al espectador. Además, el actor que tenga capacidad de relevancia utilizará de forma natural una extrema economía en sus medios de expresión. Ya no necesitará emplear los imprecisos y endebles clichés con los que tan a menudo intenta cubrir los huecos psicológicos o llenar el tiempo cuando no tiene qué decir un texto. Siempre será relevante sin distraerse, evitará la «actuación» incesante, anodina, que resta valor a los personajes y a las escenas más relevantes.

El actor desarrollará pronto su amor por los aspectos esenciales de la actuación; de este modo, la representación alcanzará una calidad superior, que guiará la atención del público por las principales líneas del argumento. El director distinguirá los principales momentos de importancia de la obra y resolverá los puntos de menor importancia de modo que no parezcan relevantes. Podrá hacer esto mucho mejor si los propios actores han desarrollado el sentido de la relevancia.

Ejercicio 62
Dos compañeros improvisan una escena como la siguiente: en una tienda, el vendedor y el comprador; en un restaurante, el cliente y el camarero; un anfitrión o anfitriona y un invitado; un entrevistador y una personalidad distinguida. Mientras improvisan, ambos compañeros deben aprender a reconocer los momentos importantes y los menos relevantes. El compañero cuya intervención sea menos importante en ese momento debe aprender a reducir su relevancia, para que su compañero asuma el papel principal aunque sea durante unos segundos. Este ejercicio requiere una ejecución muy delicada y un trabajo prolongado y paciente. Al «ceder el escenario» al otro

compañero, no debe perder uno su propia relevancia ni su propia presencia en escena. La irradiación ha de proseguir como siempre, pero debe producirse una especie de retirada, un cierto ocultamiento de la relevancia.

El actor que sabe lo que es la relevancia puede aprender por experiencia cómo aumentarla o reducirla durante su actuación. Ambos compañeros, al intercambiar la posición de relevancia, deben tener un sentimiento dirigido al público. Sin imaginar la presencia del público durante este trabajo, los ejercicios pierden parte de su finalidad. Tenemos que comprender que reducir la relevancia no significa necesariamente que la acción externa deba siempre reducirse o interrumpirse.

Ejercicio 63
Un grupo de actores toma una breve escena o una improvisación (cuanto más sencilla, mejor). Eligen los momentos importantes principales hacia los que debe dirigirse la atención del público. Una vez que hayan decidido qué frase, qué actividad, qué pausa o qué momento es más importante para el contenido de la escena, tratan de interpretarla, con la misma finalidad que antes.

Los actores empiezan otra breve escena y la repiten una y otra vez, hasta que poco a poco distinguen, cada vez con mayor claridad, los momentos principales, sin definirlos de antemano. Puede suceder, por supuesto, que una persona considere importante un momento y que otra considere que otro momento es más importante, de modo que la segunda persona tratará de dirigir la atención del público hacia su punto elegido. Pero esto no debe confundir al grupo, porque al principio no puede ser de otro modo. Cuanto más se repita este ejercicio, el contacto y la sensibilidad de los miembros del grupo los unirá en mayor medida para encontrar un deseo común para atraer la atención del público hacia un punto definido. Hace falta tiempo para conseguir este acuerdo interno, tácito. (En un espectáculo real, por supuesto, el director asume la distribución apropiada de los momentos importantes.)

El grupo elige una escena multitudinaria de una obra y la ensaya, según su contenido. Los momentos relevantes deben determinarse de antemano. Los intérpretes que en ese momento no utilicen plenamente la relevancia en su actuación no deben quedar anulados por completo. El público ha de tener siempre la impresión de que el grupo entero está presente y activo. A continuación, el grupo elige otra escena «de masas» de una obra y la ensaya como antes, de acuerdo con su contenido, pero sin definir de antemano el momento principal.

La última variación consiste en que el grupo improvise la escena multitudinaria o de masas. Solo se debe determinar el tema antes de empezar la improvisación. Recuerda que, cuando el actor participa en cualquier escena multitudinaria o de masas, tiende a perder su individualidad y a sentirse envuelto en el grupo de personas que lo rodean, «absorbido» por él, por así decirlo.

Como consecuencia de tan errónea actitud, el actor empieza a actuar él solo como si fuera toda la multitud. Se vuelve ruidoso e inquieto y todo su comportamiento pasa a ser «general» en lugar de individual. Esta actuación falsa y antinatural causa la impresión de que la multitud está formada por muñecas y muñecos. Un actor debe elaborar su papel en una escena de masas con el mismo cuidado que cualquier otro papel individual.

Conjunto

Sobre la base de todo lo que hemos dicho anteriormente, llegamos ahora al siguiente punto de la estructura orgánica de nuestro método. La profesión del actor es tal que el actor no puede contar con estar solo en escena. Por regla general, es uno más de un grupo de personas –un conjunto–, cuyos miembros deben encontrar la conexión correcta con cada uno de los otros, con el fin de establecer una armonía constante entre todos. Cuanto más sensibles lleguen a ser, mediante una formación correcta, más dependerán unos de otros para obtener mutuo apoyo e inspiración. En la actualidad, los actores no sienten con tanta fuerza la necesidad del conjunto, porque los teatros de repertorio todavía no han obtenido un reconocimiento general. Pero la hora de estos teatros sin duda llegará. La propia naturaleza del arte escénico los exige y los producirá como resultado de una necesidad inexorable. El siguiente ejercicio muestra un ejemplo práctico de aproximación al desarrollo de una técnica de conjunto.

Ejercicio 64

Los miembros del grupo deben, en primer lugar, tomar conciencia de que están juntos. Pueden hacerlo del modo siguiente: mediante su capacidad de concentración, tratan de mantener en sus mentes a todos los participantes en el ejercicio. Son conscientes de la presencia de cada persona en la sala. A continuación, todos tienen que hacer un esfuerzo interior para abrirse a los demás. Esto significa que estarán preparados para recibir las impresiones –incluso las más delicadas– de todos los presentes en ese momento, y estarán dispuestos a reaccionar a esas impresiones de forma armoniosa y cordial, sin la menor inclinación de tipo sentimental. Hay que tratar de evitar el sentimiento de estar frente a un grupo general de personas. Cada persona debe ser considerada como un individuo. Uno debe sentirse no «ellos y yo», sino «él y él y ella... y yo». A través del deseo de cada participante de unirse con los demás, el grupo entero dará el primer paso hacia la unión.

Cuando se establezca el contacto en un determinado grado, el grupo elige una serie de acciones: 1) Caminar despacio a lo largo de la sala. 2) Correr deprisa. 3) Quedarse tranquilamente de pie. 4) Sentarse en sillas. 5) Tumbarse en el suelo. 6) Hablar juntos en voz alta. 7) Agruparse y susurrar.

Al abrirse unos a otros, y a través de un proceso de adivinación sensible, el grupo «elegirá» la acción por la que muestre inclinación en ese momento. No debe convenirse de antemano. Puede suceder que el grupo empiece a correr y luego decida sentarse, o quedarse tranquilamente de pie, etcétera. Esta tendencia a captar y llevar a la práctica el deseo común establecerá el contacto entre los miembros del grupo. El proceso de «adivinación», por supuesto, no impide que los miembros del grupo se miren unos a otros. El objeto del ejercicio es hacer un esfuerzo por «adivinar» y así aumentar poco a poco de manera gradual la sensibilidad que es la base de todo trabajo de conjunto.

Ejercicio 65
Ahora, los actores combinan actividad y palabra. Dos personas, por ejemplo, acaban de terminar una conversación. Hay un pausa antes de separarse. Uno de ellos se levanta y dice: «Gracias, lo pensaré. Adiós». El otro capta los sutiles matices del movimiento, el estado de ánimo y la voz de su compañero y, a la vez que intenta mantenerse en plena armonía con su conducta anterior, le responde: «Adiós, esperaré su decisión».

Tomemos, como ejemplo para todo el grupo, el comienzo o el final de una reunión. El presidente se dirige a los miembros. Abre el debate o da por terminada la reunión. La forma de hablar, de moverse, de escuchar, de mirar, etcétera, del presidente debe ser la clave para la actuación de los participantes. Una vez más, en este caso la sensibilidad lleva a la actuación armoniosa por parte del conjunto.

Ejercicio 66

El grupo elige un tema para improvisar. Solo es preciso ponerse de acuerdo sobre la trama y el orden general de los acontecimientos. La improvisación, por supuesto, será caótica en un principio, pero esto no debe desanimar a los participantes. Deben actuar libremente hasta que, bajo la influencia de su deseo de ser sensibles los unos con respecto a los otros, la improvisación se convierta en un todo con una forma adecuada. El éxito del ejercicio no es importante, pues su verdadera finalidad es el esfuerzo por adquirir la capacidad de llegar a un acuerdo tácito.

Un grupo de actores que desea avanzar en la dirección antes descrita, adquirirá con el tiempo la excelente capacidad de improvisar en todo momento durante su actuación en escena. Improvisará libremente, de tal forma que, durante la actuación, cualquier insinuación de uno de los componentes del grupo será tomada, utilizada, desarrollada y devuelta por otro de sus componentes. No hablamos, por supuesto, de improvisar el texto o cambiar arbitrariamente la puesta en escena. Nos referimos a un tipo de improvisación más sutil, que puede producirse en cualquier lugar y en cualquier momento durante la función.

La cadena de estos momentos improvisados no se romperá en ningún punto si el actor ha adquirido la técnica propuesta y, sin embargo, a la vez, se mantendrá totalmente dentro del marco establecido por el texto y por el director. La actuación de conjunto, si se entiende correctamente, es lo contrario de lo que hemos denominado actuación con clichés, en la que todo está fijado externamente, pero muerto interiormente.

El sentido de estilo
Ya hemos mencionado la importancia para nuestro arte de diferenciar el «qué» (el contenido, el significado) del «cómo» (su forma de incorporación en escena). El «cómo» más poderoso y predominante en el arte –podríamos incluso decir el «cómo» supremo–, aunque también el más engañoso, es el estilo.

Hemos de admitir que en nuestra grosera época actual, el actor, más que ningún otro artista, ha perdido su sensibilidad hacia el estilo. ¿Vemos a menudo actores en escena que interpreten tragedia, drama, comedia o vodevil con el estilo concreto de cada una de esas formas? ¿Tienen en cuenta los diversos estilos de los distintos autores? ¿Toman en consideración adecuadamente los distintos estilos del mismo autor?

El vestuario, los decorados y el maquillaje pueden ser de un determinado estilo, pero no constituyen el estilo de la representación si el sentido del estilo no está vivo en el alma del actor. Este sentido surge de lo más profundo de la consciencia humana, ya sea en un individuo o en una época, y no puede imitarse externamente mediante los decorados y los vestuarios teatrales.

¿Qué sentía la humanidad en la época en la que surgió y se desarrolló el estilo gótico? Sentían el tenso conflicto entre los poderes terrenales por una parte y el anhelo de luz y crecimiento espiritual por otra. La composición de una forma cúbica en la base –la humanidad sostenida por el mundo terrenal; una forma redonda en medio, la tendencia de la humanidad hacia una concentración silenciosa, introspectiva–, y la forma puntiaguda extendida hacia arriba, las oraciones y los sentimientos de la humanidad que volaban hacia las alturas, todo ello era intensamente sentido por el ser humano antes de hallar su incorporación física en el estilo gótico.

¿Cómo podemos comparar esto con el estilo barroco? Allí, todo expresa emociones humanas inquietas, trastornadas, móviles. Se desarrolla una nueva visión del mundo, que sacude la consciencia humana. Pasa a primer plano una tendencia revolucionaria. A través de los viajes, de la colonización, el relieve físico de la superficie terrestre se vuelve tangible para la humanidad. Copérnico, los reformadores religiosos y los revolucionarios transforman la noción del mundo anterior, callada, dogmática y respetuosa hacia la ley, en una noción basada en el movimiento. Los artistas captaron esta nueva visión del mundo y la hicieron hermosa; así surgió el estilo barroco.

La naturaleza del actor, sin duda, anhela un sentido del estilo, al igual que cualquier naturaleza artística. Pero en nuestra época no es posible alcanzarla tan fácilmente sin un estímulo. El actor actual debe utilizar determinados ejercicios en sus primeros pasos hacia el sentido de estilo. La mejor manera de realizar estos ejercicios es en grupo.

Ejercicio 67
El grupo elige un tema abstracto, por ejemplo la derrota, el dolor, la venganza, la victoria, el éxtasis o la devoción. Sobre la base del tema escogido, los participantes construyen un grupo plástico con un determinado estilo. Para este ejercicio, podemos tomar estilos teatrales tan distintos como la tragedia, el drama, la comedia, el vodevil o el circo. Desde distintos lugares de la sala, los participantes se acercan individualmente al lugar donde se va a formar el grupo. Mientras lo hacen, se imaginan qué tipo de grupo puede crearse a partir de ese tema y ese estilo en concreto. Cada persona que se aproxima trata de adaptarse a los demás y a la composición global durante su formación. Al final, el grupo parecerá una escultura. Puede emplearse el mismo tema en relación con cada estilo, pero, obviamente, los grupos serán distintos como consecuencia de la improvisación y del estilo escogido. Como variación de este estilo, se puede tomar una pieza musical como indicación del estilo y del tema.

Ejercicio 68

Después de haber formado una composición con un estilo –la tragedia, por ejemplo– el grupo debe, sin romper la composición, cambiar a otro estilo –dramático, por ejemplo–. El cambio externo será lo más leve posible, pero la composición ha de dar la impresión de otro estilo. Deberá hacerse lo mismo con los estilos de la comedia, el vodevil y el circo. En este caso, como siempre sucede con nuestros ejercicios, la finalidad de este reside en el esfuerzo interior por hallar la diferencia entre dos o más estilos. La mera imitación física del estilo solo servirá para que los participantes se extravíen.

No hemos elegido los estilos mencionados porque sean los únicos posibles, sino porque son totalmente distintos entre sí y, por tanto, proporcionan al actor una buena oportunidad para despertar de forma gradual su propio sentido del estilo.

Ejercicio 69

A continuación, el grupo deberá elegir un tema para una improvisación y repasarlo varias veces, según distintos estilos, pero esta vez tendrá en mente a distintos autores, como si fuera una obra de Shakespeare, Ibsen, Maeterlinck o Molière, por ejemplo. Esta misma improvisación puede hacerse con el estilo de un cuento popular o de hadas, o con el estilo de la Commedia dell'Arte. Para este ejercicio se necesita un sentido del estilo más agudizado aún que para el anterior.

Ejercicio 70
Ahora, imagínate a ti mismo vestido con trajes de distintas épocas y estilos. También es conveniente que te imagines a ti mismo con trajes fantásticos. Imagínalos con la mayor claridad posible, para que se conviertan en una verdadera expresión externa del sentimiento interno del estilo. Cada pliegue del traje, así como su forma y su color, deben visualizarse y sentirse interiormente. Muévete y habla bajo la inspiración del estilo del traje imaginario. Hazlo primero como ejercicio autónomo y luego improvisa sobre un tema sencillo. Toma otro tema y, además del traje, imagina distintos decorados del mismo estilo; por ejemplo, indio, persa, egipcio, romano, gótico, renacentista, barroco, rococó, etcétera. En este sentido, imagina también estilos fantásticos para los decorados y los trajes.

Ejercicio 71
Para aumentar su sentido del estilo, el actor puede rememorar sus sueños y tratar de vivir en ellos lo más claramente posible con la conciencia del despertar. Nuestros sueños no son naturalistas ni fríamente intelectuales. Son productos de nuestra creación subconsciente. Pese a su carácter a menudo caótico, están, sin embargo, llenos de estilo. No prestes demasiada atención a lo que tu sueño te muestra, sino más bien a cómo te lo muestra. A la vez que recuerdas tu sueño, trata de vivir en sus atmósferas, estados de ánimo y sentimientos. Del mismo modo que la fragancia de una flor es independiente de la propia planta,

no tiene sus raíces en la tierra como la planta y puede respirarse incluso a gran distancia de la flor, también la fragancia de los sueños permanece con nosotros cuando estamos despiertos, cuando los sueños ya se han desvanecido. A esto nos referimos cuando hablamos de extraer un sentido de estilo y otras determinadas cualidades de la «fragancia» de nuestros sueños.

Cuando el sentido de estilo se obtiene a partir de los sueños del actor, penetrará lenta y profundamente en su naturaleza. Con ayuda de los ejercicios, penetrará incluso en el cuerpo del actor. Steiner escribió: «Cuanto mejor se haya preparado el actor para vivir con sus sueños, cuanto más recuerde sus imágenes y las coloque una y otra vez ante su mente, mejor será su postura en escena. Adquirirá para sí mismo no solo una postura exterior, sino una postura artística, llena de estilo». Más adelante afirma que el actor en escena usará su cuerpo no solo con destreza sino con flexibilidad artística. Esta flexibilidad solo puede obtenerse desde dentro, mientras que la destreza puede, en gran parte, adquirirse únicamente mediante la preparación física.

Composición de la interpretación

Todo arte aspira siempre a la condición de la música.

WALTER PATER

Preparación y sustentación

Dondequiera que descubramos una buena pieza de arte, encontraremos también un «marco artístico». Cada acción artística, grande o pequeña, debe ir precedida de una actividad preparatoria y seguida de un momento de sustentación. Esto crea el marco. Ni la naturaleza ni el hombre se libran de esta ley.

He aquí algunos ejemplos, que debemos ver con nuestro ojo artístico, con un poco de imaginación y una pizca de fantasía: en verano, la tierra está en un estado sumamente creativo. Hace alarde de todos los poderes acumulados en su interior durante el invierno. Pero la naturaleza no manifiesta estos poderes de forma brusca. Hace una larga preparación, a la que denominamos primavera.

Luego, agotados sus recursos, la tierra retira de nuevo sus poderes, los acumula bajo su superficie y prepara nuevas semillas para la siguiente primavera. A esta sustentación, la denominamos otoño.

Experimentamos lo mismo cuando vemos a un niño, a un animal o a una planta crecer, desarrollarse, aumentar en tamaño y fuerza, y luego, pasado un tiempo, atrofiarse lentamente, debilitarse y marchitarse. Para el artista, la madrugada es la preparación para un largo día de verano, con su constante lucha entre pasión y pereza, y el crepúsculo es una sustentación deseada.

Los cimientos de un templo griego parecen la preparación de sus formas sólidas, frías y simétricas; el techo bajo, triangular, parece como la sustentación de dichas formas. Veamos ahora una pirámide egipcia. La tierra misma es su preparación. Si la seguimos desde la tierra, más y más hacia arriba, encontraremos su sustentación allá en lo alto de su cima visible.

Al observar obras de arte individuales, en pintura, arquitectura, literatura, música, etcétera, pueden hallarse numerosos ejemplos, pero volvamos al teatro para descubrir algunos ejemplos en *El rey Lear*. La escena que precede a la primera aparición de Lear ante el público –a menudo nos hemos referido a ello desde otros puntos de vista– es una intensa preparación de la tragedia en su conjunto. Guarda una armoniosa correlación con ella la sustentación de la tragedia tras la muerte de Lear, antes de la bajada final del telón. Dentro de ese «marco» encontramos otro. La maldita Cordelia, menospreciada cuando habla, y la venerada Cordelia, abrazada con profunda emoción cuando calla: he ahí la preparación y la sustentación de todo lo que acontece entre ambas.

Estos «marcos», grandes o pequeños, están presentes a lo largo de toda la obra. Una vez que el actor y el director han adquirido la comprensión y la vocación necesarias sobre la preparación y la sustentación en su trabajo profesional, sus creaciones parecerán relevantes y armoniosas al público.

Ejercicio 72
Ejecuta un gesto simétrico con tus brazos y tus manos. Pero justo antes de empezar realmente el movimiento, trata de sentir el impulso previo, como un destello, como si quisieras acumular invisiblemente y emitir tu actividad con respecto al movimiento antes de que el propio movimiento comience. Esto es la preparación.

Inmediatamente después de haber completado el movimiento, haz una breve pausa, como si quisieras evaluar, asimilar, hacer el eco o dejar que los demás sean conscientes de la acción que ha sucedido. Esto es la sustentación.

Varía tus movimientos, hazlos más complicados y luego más prolongados. La naturaleza y la duración de la preparación y la sustentación dependerán de la relevancia y la duración de la propia acción. Generalmente, la sustentación no dura demasiado, solo es preciso que dure unos segundos. (Si es más larga, se convierte en una pausa completa, tema que se abordará más adelante en este capítulo.) Pero todo depende siempre de tu gusto y de tu sentido del equilibrio artístico. La satisfacción que sentirás al aplicar la técnica de la preparación y la sustentación será un síntoma de que tu acción empieza a ser un todo bien formado, completo.

Ejercicio 73
Ahora, en lugar de un movimiento como base para tu ejercicio, toma una palabra, luego una frase y por último una serie de frases. La preparación y la sustentación son las mismas que antes: tu actividad debe emitirse antes de pronunciar la palabra; después, habrás de dejar que la palabra vuele bajo el impulso de tu actividad.

Al ejercitar con las palabras, puedes hacer primero determinados movimientos con el brazo y la mano, según el siguiente procedimiento: preparación –extiende tu mano (no demasiado bruscamente), como si le abrieras el camino a la palabra que vas a pronunciar–; sustentación –mantén la mano estirada durante un rato, como si siguieras a la palabra que has emitido en el espacio que se abre frente a ti.

Ahora, combina la acción y la palabra. Empieza con movimientos y palabras sencillos. Termina con una breve improvisación con otros compañeros. Practica regularmente hasta que el uso de la preparación y la sustentación se convierta en algo habitual y no requiera tu atención consciente. No puedes improvisar, ensayar o actuar mientras piensas conscientemente en los ejercicios. Estos deben enmarcar y perfeccionar tu actuación sin tu participación consciente. Si practicas correctamente la preparación y la sustentación, te darás cada vez más cuenta de que todo lo que llamamos arte proviene siempre de un impulso interior. Además, esta comprensión será una buena garantía contra los clichés, que provienen del exterior y se mantienen en la superficie para tapar y aprisionar los verdaderos impulsos creativos de un artista.

La composición como marco artístico
Pero, cabría preguntarse, ¿cómo puede darse cuenta el público de todos estos «marcos»? ¿Cómo puede el actor expresarlos en escena? ¿No se trata de un juego intelectual por parte del actor y del director, del que el espectador nunca será consciente? Esta pregunta, no obstante, sería justa y correcta si se ampliara para aplicarla a todos los principios de la composición. ¿Cómo sabrá el público, por ejemplo, que la obra se ha dividido en tres partes principales, cada una de ellas con su polaridad, su similitud, sus momentos culminantes, acentos, metamorfosis, ondas rítmicas y repeticiones?

Esta pregunta requiere una respuesta completa, pero admitamos primero que existe una barrera infranqueable entre comprensión y experiencia, entre conocimiento y capacidad. La diferencia no es solo cuantitativa. Dado que la experiencia penetra en el meollo mismo del problema, mientras que la comprensión se mantiene en su superficie, lógicamente podemos confiar en encontrar una respuesta correcta a nuestra pregunta solo si procede de la propia experiencia, que es la siguiente:

Tan pronto como el actor absorbe el entramado de la composición de una obra, comienza a sentir, mientras ensaya o mientras actúa, que todas las escenas o momentos de la obra están presentes en todo momento. El tiempo pierde para él su significado habitual. Sin tener en cuenta la sucesión de las escenas en el tiempo, las siente todas con la misma agudeza. La sucesión de acontecimientos no es para él más que una necesidad externa con la que tiene que contar si desea transmitir su concepto creativo a otros, mientras que ese concepto siempre está presente en él. La función natural del espíritu humano creativo es unir y sintetizar, al contrario del intelecto, que divide y analiza. Tener un sentido de la composición contribuye a esa unificación.

Si el actor que aparece como el rey Lear en medio del esplendor del salón del trono, rodeado por sus hijas y cortesanos, no arde en deseos de morir como un mendigo solitario y sin hogar en el campo de batalla, es que aún no está en posesión de su papel. Y al morir en el campo de batalla, si no le aturde la visión de su majestuosa entrada del principio, es que aún no conoce la «magia» del teatro. Pero tan pronto como haya cambiado, el milagro se producirá por sí solo. El pasado y el futuro, al sentirse intensamente como presente, son unos medios poderosos para transformar por completo al propio actor. Todo lo que lleva dentro de sí mismo, con amor e inquietud, sobrevuela el escenario para llegar de forma convincente al público. Incluso en nuestra vida cotidiana, cuando lo único que hacemos es ocultarnos de los demás, podemos «sentir» a la persona con la que nos encontramos.

Cuando el actor siente verdaderamente con intensidad todos los principios de la composición de los que hemos hablado, estos se transforman en su corazón y en su voluntad. Pero si el actor deja que su corazón sea mudo y su voluntad endeble, ¡sin duda el público no se sentirá cautivado por la armonía de la composición! O incluso peor, «verá» todas las divisiones y subdivisiones, todos los acentos, los contrastes, las transiciones y repeticiones. Verá el esquema desnudo de la producción. En tal caso, habrá que compadecerse del director, del actor, del autor y del espectáculo entero.

Otro factor que permitirá al público sentir la composición del espectáculo nos lo proporcionan las mismas leyes de la composición. Estas leyes extienden sus múltiples hilos desde cada punto de la obra a todos los demás, para ligarlos y mantenerlos unidos. Si sigue los hilos, el público seguirá inevitablemente la propia composición y podrá sentirla como un todo completo, lo mismo que hacen los actores durante su actuación en escena.

Gesto composicional

El actor no puede comprender la composición y el ritmo si no los vive y los siente interiormente. La experiencia interna está más allá de toda explicación verbal o intelectual. Un ejercicio bien hecho puede decirle al actor más que páginas y páginas de libros sobre la composición y el ritmo. Los ejercicios de este capítulo permitirán al actor aplicar las leyes de la composición con facilidad, veracidad y una gran satisfacción artística. Su propósito es crear en la psicología del actor esa forma armoniosa que denominamos el gesto composicional.

Ejercicio 74

Empieza con movimientos sencillos, amplios. Dales forma. Usa todo el espacio a tu disposición, en el que puedes caminar, correr o saltar. Puedes incluso utilizar peldaños o plataformas. En todo caso, utiliza de forma consciente la idea de la preparación y la sustentación para enmarcar tu movimiento. Repite cada movimiento hasta que seas capaz de interpretarlo fácilmente.

Aparte de los puntos de preparación y sustentación, toma conciencia del principio y del final del movimiento. Siente la polaridad del principio y el final y trata de experimentarla con mayor claridad en el movimiento mismo. A continuación, siente la parte intermedia como una metamorfosis entre ambos polos.

Da forma a un momento culminante en cada una de las tres partes. Esto significa encontrar un breve movimiento adicional, o segundo clímax, tanto en la sección intermedia como en el principio y el final. Haz que el segundo movimiento sea interiormente más tenso que el propio movimiento general.

Determina qué cualidades puedes hacer para tu movimiento en el comienzo y en el final. Ten en cuenta que el primero y el último momento culminante tienen también un carácter polar, y que la parte intermedia y su clímax correspondiente constituyen una verdadera transición de un polo al siguiente.

Después de haber elaborado y mejorado tu movimiento, debes ensayarlo hasta que se convierta en una hermosa obra de arte en miniatura. No pases de una fase del ejercicio a la siguiente hasta que te sientas totalmente libre y satisfecho con la anterior.

Ejercicio 75
Añade palabras al movimiento en tres partes. Para cada parte elige una palabra o una frase que se corresponda con las cualidades que hayas elegido para el movimiento. También puedes emplear determinados versos con sus correspondientes cualidades.

Prosigue este ejercicio hasta que no tengas que pensar en preparación o sustentación, ni en tres partes, polaridades o momentos culminantes. El esfuerzo inicial debe ser reemplazado por el placer de realizar el ejercicio. Entonces puedes inventar otros movimientos y desarrollarlos del mismo modo. (Alguna que otra vez, cuando ya trabajes con otros ejercicios, puedes volver a este.)

Ejercicio 76
Toma cualquier tema naturalista de tu propia imaginación o de una fuente literaria. A partir de él, crea una breve escena o improvisación, en la que pueden intervenir otros actores. Dentro de lo posible, debes exponer la composición de la escena del modo más imaginativo e intuitivo que puedas; es decir, ponte de acuerdo con tus compañeros con respecto a las tres partes principales, los tres momentos culminantes, la polaridad y las cualidades principales. Empieza a improvisar una o dos veces. Luego, observa los resultados positivos y negativos de vuestros esfuerzos. Ponte de acuerdo sobre las correcciones. Improvisa otra vez. Haz nuevas correcciones. Realiza esto hasta que te sientas satisfecho.

Busca subdivisiones, clímax auxiliares y acentos. No pienses en ello de manera forzada; por el contrario, sigue a tu imaginación y a tu intuición artística. Improvisa otra vez hasta que sientas que, mediante las correcciones y las repetidas improvisaciones, has llegado a familiarizarte con la escena y eres capaz de interpretarla fácilmente, de acuerdo con tu composición.

Ahora trata de olvidar el contenido e intenta revivir en tu mente solo el gesto composicional que has creado y aplicado en tu escena. Escucha tu gesto como si fuera «música». Vuelve otra vez a la escena.

Ejercicio 77
Centra tu atención en las ondas rítmicas y en las repeticiones. Practica un movimiento amplio, dividido en tres partes, como antes, sin momentos culminantes ni palabras. Ensáyalo con polaridades y cualidades, con movimientos de preparación y sustentación. En cada parte, incluye una variación ondulante –una ligera contención, una ligera aceleración, una ligera variación del propio movimiento, aumento o disminución de intensidad, expansión o concentración–. Añade cada vez más pequeños gestos ondulantes a lo largo de todo el movimiento. Hazlos parecidos, de modo que para ti representen a la vez los gestos ondulantes y las repeticiones. Durante un tiempo puedes mantener este ejercicio separado de los anteriores; podrás fusionarlos cuando te sientas más seguro en todos ellos.

Pausa
Sabemos que en escena se actúa todo el tiempo, sin interrupción. Pero esta actuación puede adoptar dos formas distintas; una se expresa exteriormente, la otra interiormente. La actividad interior más fuerte es una pausa completa. La pausa como vacío, una parada absoluta, no existe en el escenario. La característica principal de una verdadera pausa es un momento de absoluta irradiación.

  Entre una pausa completa y una actuación externa expresada en su integridad, cuando la pausa desaparece por completo, existen innumerables grados y variaciones. Desde el punto de vista de la composición y el ritmo, cuando todo se mueve, fluctúa, se entremezcla, siempre experimentamos una pausa en escena. La pausa desaparece solo en aquellos casos en los que la acción externa es completa, cuando todo se expresa exteriormente. Por consiguiente, podemos decir que cuanto más fuerte sea la acción externa en escena, más incompleta será la pausa, y viceversa.

Tenemos muchos buenos ejemplos de pausas incompletas en *El rey Lear*. En el comienzo mismo de la obra, cuando Gloucester y Kent mantienen su diálogo, toda la escena tiene el carácter de una pausa incompleta. Esperamos la aparición de Lear, sentimos que la acción principal aún no ha comenzado, que permanece dentro. La atmósfera de la expectación llena el escenario con una intensa irradiación. Todo esto nos hace sentir que, simultáneamente a la acción, en el escenario hay también una pausa que proporciona a la escena una mayor relevancia interna, con independencia de las palabras pronunciadas.

Tenemos otro ejemplo al final de la escena en *Lear* en la que las dos hermanas conspiran contra su padre. Otros ejemplos de pausas incompletas, que gradualmente se convierten en pausas completas, los encontramos en las escenas en las que Lear cae en un sueño mortal, en el descampado, y al término mismo de la obra, cuando muere.

Cómo se transforma la pausa completa en una acción externa completa, y por tanto desaparece totalmente, puede verse en la escena en la que, después de las palabras de Cordelia («Nada, mi señor»), aparece una pausa completa que después, poco a poco, deja paso a la acción externa de la furia apasionada de Lear.

Hay dos tipos de pausas: una que aparece antes de que un determinado acontecimiento tenga lugar; avisa de lo que va a suceder; en escena, despierta el sentido de anticipación del público; mediante esa pausa, el espectador se prepara para recibir la escena que se acerca; es cautivado por ella; este tipo de pausa, por ejemplo, es la que se produce antes de la primera entrada de Lear en el salón del trono. El otro tipo de pausa, de carácter totalmente opuesto, aparece después de haberse cumplido la acción y supone una recapitulación de todo lo sucedido antes; en el último acto, tras la muerte de Lear, la pausa resume el resultado psicológico de los sucesos anteriores.

Podemos hallar numerosos ejemplos de pausas en cualquier obra. La pausa como la expresión de la vida interior predomina en las obras en una proporción mayor de lo que solemos pensar. Una vez que hayamos ampliado de este modo nuestra noción de la pausa, enriqueceremos de forma natural nuestros medios expresivos, hasta lograr una actuación más relevante, más interior, más viva y con una forma mejor configurada desde el punto de vista de la composición.

Pausa y atmósfera

La pausa tiene afinidad con la atmósfera. Ambas son interiores, deben ser irradiadas intensamente por el intérprete y tienen su origen en el ámbito de los sentimientos. Los actores saben por propia experiencia que, si logran crear una pausa buena y relevante en el escenario, la atmósfera emerge inmediatamente y fascina al público. A la inversa, si existe una atmósfera intensa en escena, el actor usa instintivamente cualquier ocasión de «mantener una pausa», lo que refuerza la atmósfera y atrae, por tanto, la atención del público.

Ejercicio 78

Inicia una improvisación con una larga pausa que sea consecuencia de una escena anterior. Podría ser la escena de una reunión, una conversación filosófica, una fiesta desenfrenada o un período de descanso tras una actividad físicamente agotadora. Establece la atmósfera en función de la situación original y siente la pausa como resultado de la acción precedente.

Durante esta primera pausa, transfórmala poco a poco en una segunda pausa de la que surgirá una nueva escena. Si el ejercicio se realiza en grupo, conviene cerciorarse de que un intenso sentimiento de conjunto une a todos los participantes. Cuando el grupo sienta que la pausa está suficientemente «madura» para dar lugar a una nueva escena, se debe proseguir la improvisación con palabras y actividades, sin abandonar el tema elegido.

La escena debe desembocar al final en otra nueva pausa, que será una suma de toda la actuación anterior. Debe mantenerse esta pausa y, poco después, transformarla de nuevo, como antes, en una pausa a partir de la cual se pueda proseguir la improvisación. Repite los ritmos alternos de la actuación externa e interna y la transformación de las pausas.

Puedes crear una atmósfera cualquiera y sentirla como pausa. Date cuenta de cómo la atmósfera y la pausa se refuerzan mutuamente. Con esta atmósfera, debes interpretar una breve acción con palabras y mantener la pausa de nuevo. Cerciórate de que las atmósferas y la irradiación no se debilitan durante la pausa. Vuelve a los ejercicios anteriores e inserta en ellos distintos tipos de pausas.

Ejercicio 79
Lee una obra, con paradas en los puntos donde creas que podría producirse una pausa completa. Siéntela interiormente. Compara distintas pausas, haz una evaluación de las características de cada una de ellas. Repasa la obra, en busca de pausas incompletas. Trata de sentir hasta qué punto son incompletas, así como su carácter general.

Crescendo y *diminuendo*

La pausa completa, por una parte, y la acción externa completa por otra, son los dos polos entre los cuales oscilan el *diminuendo* y el *crescendo*. Pero también dentro de una pausa completa, los actores –y por consiguiente el público– pueden sentir tanto el crescendo como el diminuendo. Los actores que desarrollan la capacidad de controlar estos dos principios con todas sus sutilezas descubren en su propia actuación matices psicológicos que ignoraban por completo.

Ejercicio 80
La experiencia demuestra que la forma más difícil de crescendo y diminuendo es la que sube y baja lentamente, de forma acompasada y uniforme. Empieza este ejercicio solo. Desarrolla, a partir de la pausa, cualquier actividad sencilla, llévala a su forma extrema de acción externa y luego vuelve a la pausa. Todo esto debe hacerse sin saltos, ni brusquedades de ningún tipo.
Efectúa el ejercicio en grupo. Comprueba que se establece un sólido sentimiento de conjunto. Haz el ejercicio en forma de improvisación. En un principio evita los temas y actividades complicados. Cerciórate de que todas vuestras palabras, voces, movimientos, puesta en escena, incluso los objetos que se utilicen al improvisar, tales como sillas, mesas y accesorios, sigan un crescendo y un diminuendo suaves y acompasados. Repítelo varias veces para estar seguro de que puedes justificar cualquier cosa que hagas, de modo que tu actuación resulte sincera y natural.

Ejercicio 81
Empieza a practicar variaciones de crescendo y diminuen-

do. No discutas la forma de la variación sobre la que vas a trabajar, pero, como «acuerdo» previo, dibuja una curva, a ser posible en la pizarra, y luego trata de seguirla. Este «acuerdo» despertará una mayor sensibilidad entre los miembros del grupo que si se sigue el método de discusión habitual. Después de hacer el ejercicio, cada uno de los participantes dibujará en la pizarra sus impresiones sobre su realización. Al principio, las «opiniones» expresadas en la pizarra serán muy distintas unas de otras, pero después de un cierto tiempo de ejercicio, la sensibilidad del grupo aumentará y se desarrollará de forma gradual una realización correcta, así como una correcta opinión al respecto. Pasa de una variación a otra, al principio solo con ligeras alteraciones.

Ahora podéis tomar una escena breve de una obra y ensayarla con un único propósito: realizar la forma acordada de crescendo y diminuendo. (Si es preciso se puede discutir, pero al final se debe dibujar la curva en la pizarra, como se ha sugerido antes.) Cuando logréis el propósito planteado con esta escena, podéis elegir alguna caracterización sencilla para cada papel, para intentar realizar el mismo patrón de crescendo y diminuendo que antes.

Ejercicio 82
Ensaya una escena o realiza una improvisación sin definir de antemano la pauta que vais a seguir. Una vez completado el ejercicio, cada miembro del grupo debe dibujar su idea de cómo debería haberse hecho. Tened en cuenta

todas las curvas dibujadas; luego, sin discutirlas, repetid la escena. Dibujad de nuevo vuestras sugerencias para la siguiente práctica y volved a ensayar, hasta que el grupo entero llegue a una opinión satisfactoria para todos. Cada miembro debe procurar ser lo más flexible posible respecto a las sugerencias de los demás.

Tempo

Nuestra noción habitual del tempo en escena no suele distinguir sus dos aspectos distintos, el interno y el externo. El primero se puede definir como la rapidez o lentitud de una persona con relación al cambio y a la transformación en la mente, a los sentimientos e impulsos de voluntad. El segundo se expresa en el comportamiento externo rápido o lento de una persona.

Estos tipos de tempo son tan distintos que pueden observarse simultáneamente, incluso en casos en los que son totalmente contradictorios. Una persona espera algo con impaciencia. Una imagen tras otra cruza su mente, sus sentimientos y su voluntad están despiertos y agitados, cambian a toda velocidad y, sin embargo, puede controlarse hasta tal punto que todos sus movimientos, su voz y su conducta externa serán totalmente contradictorios con su febril estado interno. El tempo externo será lento mientras que el interno será extremadamente rápido. Se puede observar lo contrario cuando, por ejemplo, un trabajo habitual que exige una especial destreza se realiza con un tempo externo rápido, mientras que la vida interior de la persona fluye simultáneamente con un tempo tranquilo y lento. Cuando estos dos tipos de tempo se mantienen separados y se emplean en escena de forma simultánea, producen siempre una fuerte impresión en el público. Aquí, una vez más, la ley de los contrastes aplicada al arte muestra su poder de fascinación.

Un tempo interior o exterior lento, sin embargo, no debe confundirse con pasividad en escena. El actor tiene que estar siempre activo, siempre presente y despierto en el escenario, cualquiera que sea el tempo que utilice en su actuación. Por otra parte, un tempo rápido no debe confundirse con la tensión física, muscular. El tempo rápido debe distinguirse también de la simple prisa, una distinción que pocas veces se establece en escena. La prisa suele causar en el público una impresión distinta de la que el actor espera crear.

Para evitar estos errores, el actor tendrá presentes las siguientes sugerencias. En primer lugar, el hecho de mantener un sentido del objetivo del personaje ayudará al actor por una parte a eliminar la prisa y la tensión innecesarias, y por otra, le protegerá de la pasividad. En segundo lugar, un cuerpo flexible y obediente, junto con una buena técnica vocal obtenida mediante el entrenamiento, serán útiles para el tempo rápido. No deben plantearse dificultades de tipo técnico. En tercer lugar, el actor puede contribuir a establecer el tempo necesario, si por ejemplo se imagina que el aire de su alrededor se mueve y

vibra con el tempo apropiado. Esta imagen será especialmente útil durante el primer período de ensayos.
Unos tempos distintos modifican las cualidades e incluso el significado de una acción. Esto se explica con un sencillo ejemplo. Di «adiós» o «¿cómo estás?» con tempos distintos y observarás cómo las cualidades de estas palabras e incluso el significado de la despedida o del encuentro se modifican con el tempo. Cualquier acción, por complicada que sea, cambia bajo la influencia del tempo. Esto significa que el actor puede usar el tempo no solo como medio de dar forma a una pauta de composición, sino también como medio de despertar y enriquecer sus sentimientos y su vida interior en escena.
El uso erróneo del tempo, lo mismo que el de la pausa, pueden tener consecuencias negativas. Un cambio accidental del tempo, o bien actuar a lo largo de toda la obra con el mismo tempo, oscurece el significado y hace que la representación resulte aburrida. La capacidad de usar el tempo adecuado en el lugar adecuado debe convertirse en una habilidad inconsciente del actor. El tempo, que juega un papel primordial en la aplicación del crescendo y del diminuendo en nuestro método, debe ejercitarse por separado.

Ejercicio 83
Realiza cualquier actividad, solo o en grupo, con un mismo tempo. Repite con distintos tempos. A continuación, realiza una improvisación sencilla y modifica el tempo den-

tro de ella. Dibuja en la pizarra las distintas curvas de este ejercicio, según lo antes indicado. Evita cualquier tarea complicada hasta que seas capaz de realizar las sencillas.

Ejercicio 84

Crea una improvisación, preferentemente con un grupo, de modo que se distinga entre los tempos externo e interno. Por ejemplo, elige una escena en un quirófano en la que participen el cirujano, sus ayudantes y enfermeras. Se realiza una operación peligrosa. Para salvar la vida del paciente, la operación debe efectuarse lo más rápidamente posible. Tensión. El tempo interno es sumamente veloz. Todos los movimientos y escuetos comentarios, por el contrario, están cargados de prudencia, control y reserva. El tempo externo es lento.

Veamos otra improvisación. Los sirvientes de una rica familia numerosa preparan maletas y baúles. La familia se va de viaje. El mayordomo, que supervisa el trabajo de los sirvientes, les mete prisa. La preparación del equipaje prosigue con rapidez y pericia. El tempo externo es rápido. Pero los sirvientes, indiferentes a la agitación de la familia, están interiormente tranquilos y apacibles, conscientes de que tienen tiempo de sobra. Aquí, el tempo interno es lento.

Ahora, hagamos ambos tempos rápidos. En una pequeña ciudad se hacen los preparativos para una fiesta local. La gente decora los exteriores de las casas. Tanto el tempo interno como el externo son rápidos.

Ahora, hagamos ambos tempos lentos. Un grupo, después de un largo y agotador almuerzo campestre, está a punto de volver a casa. Recogen perezosamente sus pertenencias, se despiden unos de otros y entran en sus automóviles. Ambos tempos son lentos. No confundamos la pereza de los personajes con inactividad por parte del actor.

Ejercicio 85
Utiliza el mismo tema varias veces para distintas variaciones del tempo, ya que esto te dará una comprensión más nítida del tempo mismo, con independencia del tema. Una parte del grupo actúa con un tempo, otra parte del grupo con otro. Por ejemplo, los sirvientes hacen las maletas con un tempo interior lento pero un tempo exterior rápido, en presencia de los miembros de la familia, cuyo estado es de un tempo interno rápido pero un tempo externo lento, controlado. Podéis hacer la combinación de tempo que queráis.

Ejercicio 86
Practica el tempo como estímulo para cambiar las cualidades de la actuación. Haz la misma improvisación breve varias veces con distintos tempos; presta atención exclusivamente a los cambios que se producen en ti mientras improvisas. Elige el tempo sin pensar ni sugerir de antemano qué matices psicológicos puede suscitar en ti. No obstante, una vez que lo hayas elegido, deja que te influya

mientras improvisas. Procura ser sincero en cada variación psicológica que surja.

Ejercicio 87
Lee cualquier obra y trata de visualizar la escena elegida con distintos tempos. Averigua cuál es el correcto y cuál dará mayor satisfacción a tu gusto artístico. Observa también cómo las cualidades y quizá el significado de esta escena se modifican bajo la influencia de los distintos tempos.

Las cuatro etapas del proceso creativo

> Cuanto más mármol se desaprovecha,
> más crece la estatua.
>
> Miguel Ángel

Consideremos que el proceso creativo del teatro en su conjunto se compone de cuatro etapas sucesivas. El conocimiento de estas etapas dará al actor seguridad en su trabajo y lo liberará de la esclavitud de los accidentes, de los estados de ánimo personales, de las decepciones y de la impaciencia nerviosa. Estos son los enemigos del actor que ignora la forma adecuada de crear un papel.

Imaginemos que un grupo de actores se ha interesado por la elaboración práctica del método propuesto y empieza a trabajar sobre una obra. En esta situación, que se puede considerar ideal, el director asume también las distintas técnicas descritas en este libro. Seguiremos su trabajo en líneas generales a través de las distintas etapas, y a la vez tendremos la oportunidad de hacer un repaso general del método y analizarlo.

Primera etapa

La primera etapa es la más íntima y sutil, aquella en la que se produce la idea del futuro espectáculo en su integridad y de todos los personajes. Todo es anticipación, expectación y suposición cargada de esperanza. Los actores han recibido sus papeles. El hecho de que los papeles sean nuevos, o ya conocidos por ellos, no afecta lo más mínimo a esa alegría característica que surge en sus corazones para expresar que el trabajo ha empezado.

El ego superior experimenta las sacudidas del «primer amor». El entusiasmo por encontrarse con el futuro público; la confianza en él y en uno mismo; la esperanza de ser capaces de expresar cosas queridas, íntimas, de un modo personal, individual y libre; todo ello constituye la experiencia del actor en este momento. En lo más recóndito de su alma, donde la individualidad creativa permanece siempre activa, el trabajo preparatorio prosigue y no debe ser perturbado demasiado pronto por la interferencia consciente. La atmósfera general, que lo abarca todo, constituye para el actor un primer síntoma del trabajo que su mente subconsciente realiza ya sobre toda la obra.

En primer lugar, el actor debe nutrirse de la idea, la atmósfera general, el estilo, la dinámica del bien y del mal y la relevancia social de la obra. En este período del trabajo, los personajes se convierten en parte orgánica del conjunto, y así permanecen durante todas las etapas siguientes, si su desarrollo oculto no ha sido perturbado al principio. En un momento posterior, el actor acumula su capacidad potencial de expresar toda la obra, en cada momento y con todo detalle.

Este trabajo inicial surge del ego superior, siempre activo y artísticamente sabio. Cuanto más consciente haya sido el trabajo de los actores por asumir el método propuesto, más éxito tendrá el proceso subconsciente. Esta etapa inicial, si se entiende y se lleva a cabo correctamente, es una garantía contra el énfasis demasiado elocuente o demasiado parco de un único personaje. Por lo contrario, aislar prematuramente a un personaje de la composición global de la obra, en este momento, puede ocasionar más adelante muchas dificultades al actor, puede incluso transformar personajes recién nacidos en auténticas perversiones artísticas.

Desde la atmósfera general de la obra, los actores deben leer una y otra vez el texto íntegro para sí mismos y observar las imágenes que surgen de esta atmósfera. Las imágenes de este período suelen ser muy efímeras y transitorias, pero todas revelan a los actores ideas nuevas, emocionantes y prometedoras. ¡Aquí el actor puede realmente aprender en qué consiste ser capaz de esperar activamente!

A la vez que disfrutan de la interacción de las imágenes, los actores pueden sentirse gradualmente atraídos hacia unas de ellas más que hacia otras; deben tratar de no interferir en el sutil proceso de formación y elección interiores. Su preocupación es la misma, ver las imágenes lo más claramente posible a pesar de su movilidad y enorme independencia.

Los actores encontrarán emocionante y útil empezar en esta etapa una especie de «diario» donde pueden anotar sus visiones con unas cuantas palabras esquemáticas, unos simples dibujos o incluso unas cuantas frases libres, quizá con lápices de colores. Este «diario» recordará a los actores sus primeras imágenes fluctuantes y efímeras, que sin él podrían fácilmente olvidarse y por tanto perderse para el trabajo futuro. Al repasar esas notas en las etapas posteriores del trabajo, los actores comprobarán también que las imágenes, las ideas y los impulsos creativos se han desarrollado por sí mismos y, a partir de las páginas de sus «diarios», los actores obtendrán nuevas y emocionantes fuentes de inspiración. También pueden ser útiles, a menudo, las impresiones sobre ciertos sueños registrados en el diario.

Pasado un tiempo, los actores tendrán que concentrarse cada vez más en sus propios personajes, que en determinados momentos exigirán cierta intervención por parte del actor. Esto no significa que la imagen quiera abandonar su independencia. Por el contrario, aumentará su propia actividad, estimulada por la interferencia consciente del actor. En este punto, las preguntas orientativas son el medio técnico que debe emplearse.

El ego superior emite cada vez más imágenes, que son las mensajeras de su maravillosa actividad. Descienden al ámbito de la vida consciente del actor y esto es una señal para el comienzo de la segunda etapa, en la que los actores empiezan a trabajar de forma metódica sobre sus imágenes. La primera etapa se asemeja a la audición de una melodía musical distante, con sus ritmos, sus temas entrelazados y sus imágenes audibles, y no es preciso interrumpirla bruscamente al empezar la segunda etapa. Ambas pueden coincidir simultáneamente durante mucho tiempo.

Segunda etapa
Las características de esta segunda etapa son una elaboración consciente de las imágenes, la inquisitiva «mirada creativa» y una búsqueda activa de imágenes mejores y más expresivas. La parte principal del trabajo se mantiene en la esfera de la imaginación. Incluso los ensayos con los compañeros y el director constituyen un «imaginarse» la obra, las situaciones y los personajes, bajo la orientación del director. Este plantea ante los actores las preguntas orientativas y las combina de modo que lo ayuden a clarificar cada vez más ante los actores su idea, su interpretación de la obra, el estilo y la naturaleza del futuro espectáculo.

Es aconsejable que el director dé a sus primeras preguntas orientativas un carácter amplio y general. Por supuesto, el director debe haberse formado su concepto principal del espectáculo antes de convocar al reparto para el primer ensayo. Puede pedir a los actores que vean las situaciones principales de la obra unas tras otras en su imaginación, puede llevar a los actores a través de la partitura de atmósferas, plantear preguntas sobre el significado social del teatro, proporcionar sugerencias e indicaciones de caracterización y estimular la imaginación de los actores mediante descripciones llamativas o mediante bocetos de vestuario y decorados.

Los actores aplican las sugerencias del director y el espectáculo imaginario crece. Las preguntas orientativas del director han sentado las bases del trabajo conjunto de todos los participantes. El director anota sus preguntas y hasta dónde ha llevado a sus actores, lo que le proporciona una clara visión del estado del espectáculo aún invisible. Prepara meticulosamente sus preguntas para cada ensayo. Sin debates, teorizaciones ni análisis destructivos, el trabajo avanza rápidamente y el entendimiento entre director y actores se hace más sólido.

En la segunda etapa, el director emplea también el principio de los gestos psicológicos. Se los muestra a los actores, mediante su aplicación a secciones más o menos extensas del texto, momentos culminantes y caracterizaciones probables. También pide a los actores que le muestren sus gestos psicológicos y los somete a consideración como indicios de lo que podrían ser las interpretaciones individuales de cada actor. Aunque el principio de incorporación pertenece a la siguiente etapa, el actor puede intentar ahora, a la vez que utiliza el gesto psicológico, tratar de moverse o hablar sobre la base de la incorporación.

El director debe también, en la medida de lo posible, describir a su elenco su visión del futuro espectáculo en forma de imágenes textuales. Los actores deben prestar atención a estas descripciones e imaginar todo lo que oyen.

Cada actor ha de memorizar el texto lo antes posible, de modo que el trabajo posterior no se vea perturbado por los esfuerzos para memorizar el texto que les corresponde. Si durante la memorización el actor tiene algunas visiones del futuro espectáculo, ha de disfrutarlas y apreciar su valor para su trabajo.

El elenco empieza a leer la obra. Cada miembro lee su parte en voz alta y se imagina a la vez su probable actuación y la de los demás. En los procesos de imaginación durante los ensayos y en casa, el director puede pedir a sus actores que lo hagan de formas distintas. Por ejemplo, pueden tomar la misma escena primero desde el punto de vista de la facilidad y luego, por ese orden, de la forma, la belleza, la atmósfera, el estilo y la caracterización. Esta lectura, naturalmente, llevará más tiempo que en circunstancias normales, cuando simplemente se pronuncian las palabras. Las lecturas pueden repetirse muchas veces.

Tercera etapa
Pronto este material y esta actividad se acumulan en la imaginación del actor y el siguiente paso se convierte en

una necesidad placentera. Ahora empieza el verdadero trabajo de incorporación. Esta es la etapa tercera y la más larga. La primera etapa, la «musical», se ha transformado en la segunda, el período «imaginario». La tercera etapa consiste en dar una verdadera existencia visible y audible a las imágenes. La incorporación de personajes y momentos de la obra es ahora la ocupación principal de todos los participantes.

La tercera etapa no empieza de pronto, ni se interrumpe de golpe la segunda. Las cuatro etapas se superponen y en modo alguno deben entenderse o utilizarse de manera estricta o pedante. En todo momento, los ensayos pueden ir por cualquier derrotero que resulte necesario para mejorar el trabajo. El único requisito es adherirse en términos generales a la sucesión de las cuatro etapas.

El mejor modo de proseguir con el trabajo en la tercera etapa es crear una serie de incorporaciones de los personajes con breves momentos de la obra. El director puede hacerles a sus actores preguntas como estas: ¿Qué aspecto tienen los brazos, las manos, los hombros, los pies de tu personaje en tales y cuales momentos? ¿Cómo entra, sale, escucha, mira? ¿Cómo reacciona ante las distintas impresiones que recibe de otros personajes? ¿Cómo se comporta cuando se ve envuelto en una cierta atmósfera?

En respuesta a las preguntas del director, los actores incorporan sus visiones ante él. Por su parte, el director también incorpora sus visiones ante sus actores; de este modo se realizan sus correcciones y sugerencias. Los intérpretes, después de recibir los consejos del director, incorporan sus visiones una y otra vez ante él y las mejoran con cada nueva demostración. Así comienza la «conversación» entre el director y los actores sobre los personajes y la obra. Pronto se acumulan muchos de estos momentos visibles y audibles. Por supuesto, los actores pueden usar el texto mientras realizan la incorporación, incluso antes de haber empezado su trabajo de concentración sobre el texto. El director conseguirá que el trabajo resulte más acertado si, antes de empezar los ensayos, prepara una lista de las cosas que desea que sus actores incorporen. Procurará recordar que el orden y la naturaleza de sus preguntas deben ayudar a los actores a abarcar la obra en su integridad, así como ayudar al intérprete individual a entender su propio papel como un todo, mucho antes de que pueda representarlo de forma ininterrumpida y de principio a fin.

Durante su trabajo, el actor puede crear imágenes para ciertas palabras del texto que considere importantes. El actor debe desarrollar y elaborar estas imágenes con tanta intensidad que, cuando pronuncie las palabras desde el escenario, la fuerza de las imágenes que se ocultan tras ellas, y todos los sentimientos e impulsos de voluntad suscitados por ellas, sean «oídos» en y a través de dichas palabras. Mientras perfecciona estas imágenes, el actor debe tratar de crearlas de modo que expresen más el estado de ánimo del personaje que el suyo propio. Por ejemplo, intenta seguir todos los ejemplos en que el rey Lear pronuncia las palabras «hija», «hijas», «hijos», «Regan», «Goneril» y «Cordelia», y verás qué distintas imágenes surgen en cada caso en su mente. El actor debe desarrollar y apreciar estas imágenes de la mente de Lear; entonces se fundirán por sí solas con las palabras del actor, dándoles vida, fuerza, significado y expresividad cuando el actor las pronuncie desde el escenario.

Los actores pueden acompañar sus palabras con movimientos si lo desean. También aquí el director debe dirigir el trabajo individual del actor, de modo que se convierta en un elemento armonioso dentro del desarrollo del espectáculo. Sería un error concentrarse demasiado pronto solo en una escena, sin tocar el resto de la obra durante mucho tiempo. El espectáculo madurará de forma más orgánica si los actores tienen la oportunidad de recorrer la obra íntegramente en cada etapa del trabajo e incluso, si es posible, durante los ensayos. No resultará tan fácil hacerlo más adelante, cuando sea necesario un trabajo detallado y meticuloso sobre determinadas escenas.

Estos momentos separados, pero «protagonistas» e importantes, servirán a los actores de «postes indicadores», que les señalarán su enfoque general de la obra. Cuanto más seguros se sientan los actores en estos momentos escogidos, tanto con respecto a su actuación, mediante la incorporación y el gesto psicológico, como con respecto a su texto, más fácil será su aproximación al resto de la obra. Los intérpretes y el director deben encontrar una serie de gestos psicológicos que llenen de forma breve y concisa los huecos entre los momentos seleccionados. Los huecos serán cada vez más pequeños y pronto el director encontrará a sus actores lo suficientemente listos y preparados para ensayar series de escenas, actos enteros e incluso toda la obra sin interrupción.

¿Qué ventajas tiene este enfoque? Primero, no exige al actor actuar o hablar más de lo que sea capaz en cada momento. Está libre de la carga de tener que actuar a cualquier precio, no se ve obligado a ocultar su falta de preparación detrás de toda una serie de clichés. Segundo, la versión abreviada y fácilmente comprensible ayuda a los actores a sentir de forma continua la obra y el espectáculo en su conjunto y a no distraerse ni fragmentarse debido al exceso de detalles.

Más adelante, los ensayos toman un rumbo distinto. El director elige ciertos «terrenos» para ensayar, como, por ejemplo, la atmósfera de una escena o de un acto. Los actores, mientras ensayan de este modo, prestan atención solo a la atmósfera. Los actores tratan de mantener la atmósfera en todo lo que hacen o dicen en escena. Deben apoyarse en ella y dejarse influir e inspirar totalmente por ella.

Después, el director pasa del trabajo de ensayos sobre la atmósfera a los ejercicios relacionados con el sentimiento de facilidad, forma, estilo, actividad, gesto psicológico, conjunto, relevancia o irradiación. El director puede mantener el mismo «terreno» durante varios ensayos si cree que aún no ha sido dominado, o puede volver a los «terrenos» anteriores. Más tarde podrán combinarse dos, tres e incluso más «terrenos».

Las cualidades representan un medio técnico muy útil en los ensayos. Pueden emplearse con el gesto psicológico o sin él. Las cualidades pueden aplicarse directamente a la actuación y suscitarán los sentimientos del actor al igual que lo hacen en relación con el gesto psicológico. Cuando se ensaye con determinados «terrenos», se puede usar todo el texto y todos los recursos actorales.

De vez en cuando, los actores deben realizar un pase parcial o completo; han de actuar con absoluta libertad, sin ningún «terreno» ni otros condicionantes. El director toma sus notas y luego ensaya con los actores aquellos momentos y puntos que desea mejorar. Siempre es preferible ensayar todas las correcciones de inmediato, para que los actores no las olviden ni las malinterpreten. Se debe prestar especial atención al trabajo sobre las caracterizaciones en las que se usan el cuerpo y el centro imaginarios. Tan pronto como los actores hayan asumido hasta un cierto punto sus caracterizaciones, esto puede tomarse también como «terreno» para los ensayos.

El trabajo avanza, lógicamente, desde conceptos generales a otros más detallados. En esta etapa, el director interfiere más a menudo en detalles sobre la actuación de sus actores. El mejor modo de hacerlo es que el director muestre a sus actores lo que desea que hagan, por lo que deberá actuar él mismo ante ellos. Los actores, si se han formado según el método propuesto, verán fácilmente lo que el director les muestra y captarán su esencia. No tendrán necesidad de copiar a su director exteriormente, como sucedería con actores puramente externos.

Tan pronto como el director empieza los ensayos de fragmentos y escenas, empieza a establecer también la puesta en escena. A este respecto, su preocupación consistirá en que cada movimiento, cambio de lugar y posición del actor en escena sea una necesidad artística y sirva a la expresividad del momento o del personaje. El actor no debe sentirse satisfecho con una puesta en escena simplemente «natural», sin ningún significado ni relevancia especiales.

Durante la etapa en la que se añaden al espectáculo el maquillaje, los vestuarios, los decorados y la luz, es muy habitual que los actores pierdan algunos de sus anteriores logros. Dos cosas pueden ayudarlos a reducir los posibles desajustes en este sentido. Primero, se deben reservar uno o dos ensayos especiales para que los actores se adapten a los vestuarios, al maquillaje y a la escenografía sin preocuparse demasiado por el nivel de la actuación. Segundo, una vez eliminadas más o menos esas dificultades, se dedicarán algunos ensayos (con maquillaje y vestuarios) a que los actores puedan recuperar todas las cualidades, los detalles y los matices de la actuación, que hayan podido perderse. Solo entonces deben empezar los llamados ensayos generales.

Cuarta etapa

La cuarta etapa del proceso creativo surge de forma natural como resultado de las tres anteriores. Al emplear nuestro método, el actor deja a un lado los obstáculos físicos y psicológicos de su naturaleza, lo que le permite liberar sus poderes creativos. El actor no debe preocuparse nunca por su talento, sino más bien por su falta de técnica, su falta de entrenamiento y su falta de comprensión del proceso creativo. El talento florecerá inmediatamente y por sí mismo en cuanto el actor deseche toda materia extraña que impida ver sus capacidades, a veces incluso verse a sí mismo.

La cuarta etapa implica la inspiración del actor. Todo cambia para él en este momento feliz. Como creador de su personaje, se libera interiormente de su propia creación y se convierte en el observador de su propio trabajo. El trabajo adquiere una conciencia dividida. Ha entregado a su imagen, su carne y su sangre, su capacidad para moverse y hablar, para sentir, para desear, y ahora la imagen desaparece de su mente, existe dentro de él y actúa sobre sus medios de expresión desde dentro de él. Esta es la finalidad de todo el proceso creativo, el verdadero deseo del ego superior del actor. La conciencia, ahora, se mantiene dividida.

«El actor no debe estar poseído por su papel –escribió Rudolf Steiner–. Debe mantenerse frente a él, para que este resulte objetivo. Lo experimenta como su propia creación. Con su ego, permanece junto a su creación y es capaz de disfrutar su alegría y su dolor extremos, como si estuviera frente al mundo exterior.»

Por supuesto, hay muchas maneras individuales de experimentar este estado de inspiración. Steiner citaba a un famoso actor austríaco que decía: «Desde luego, no sería capaz en absoluto de actuar si en escena confiara en mí mismo tal como soy, un pequeño jorobado con voz chillona y una cara horrorosa». Y a continuación describe su conciencia dividida, en la que su «ser real, ideal y totalmente espiritual» actúa sobre el jorobado de voz chillona.

Otro ejemplo, relacionado con la vida privada de Goethe, lo relató también el doctor Steiner. «Las relaciones de Goethe con tal o cual mujer a la que amaba eran tales que suscitaba en ellas las más hermosas reacciones líricas. ¿Cómo era posible? Pues porque Goethe vivía constantemente en una especie de conciencia dividida de su ser. Mientras experimentaba exteriormente, incluso en los momentos más íntimos y personales, Goethe vivía en esa división de su personalidad. Era el Goethe cuyo amor no era más débil que el de cualquier otra persona, pero a la vez era el Goethe que observaba. Goethe podía retroceder siempre, hacia fuera y hacia dentro de sí mismo; podía sentir y contemplar su propia experiencia.»

Comprender cómo el impulso de la individualidad creativa fluye a través de cada una de las cuatro etapas permite al actor controlar este proceso de división interna con respecto a su personaje. Aunque la inspiración, y con ella la conciencia dividida, surgen por sí mismas, el actor debe desarrollar, no obstante, el hábito de verse a sí mismo objetivamente como alguien ajeno. Puede mirarse a sí mismo en su vida privada, observar cómo camina, cómo habla, qué gestos hace, qué rasgos físicos característicos emplea en su vida cotidiana, etcétera. Debe escuchar también de forma objetiva su voz. Un ejercicio paciente y tranquilo llevará al actor a sentir una parte de su ser –su cuerpo y su voz– como un instrumento que le pertenece. De forma gradual experimentará la otra parte de su ser como un ego artístico, como su individualidad creativa, como el dueño del instrumento.

El actor con una conciencia dividida estará muy lejos de esos que dicen: «Cuando actúo me olvido de todo lo que me rodea», o «el público no existe para mí», o «en escena tengo los mismos sentimientos reales que en la vida». Esta actitud entumece la conciencia del actor. Sé que muchas personas han adoptado este punto de vista para su trabajo en escena, pero creo que esto solo puede ser el signo de un talento limitado y puede, además, llevar al actor a la histeria en su vida privada. ¡El ego superior –el verdadero artista que hay en nosotros– no participa en ese tipo de actuación! Este segundo tipo de actor suele preguntarse: «¿Cómo puedo amar a mi hijo si nunca he tenido uno?», «¿Cómo puedo morir con Julieta si nunca he muerto antes?». No sabe que, si creara a partir de su ego superior, nunca necesitaría repetir la experiencia de su vida personal en el escenario. Nunca trataría de ser en el escenario «como es en la vida», porque esto le parecería de mal gusto.

Este tipo de intérprete no sabe que tiene que inventar, crear de nuevo en su imaginación acciones como la muerte, el asesinato y el amor. Si supiera esto, sería capaz de apreciar los comentarios del viejo Goethe sobre lo que había escrito cuando era un joven de veintidós años. Goethe, asombrado ante la veracidad de sus escritos juveniles, decía: «Por supuesto, no había experimentado ni visto tales cosas, pero sin duda tenía el conocimiento de muchos y diversos estados humanos mediante la capacidad de anticipación». Goethe tenía una opinión similar sobre Byron y escribió que para Byron todo el mundo era transparente y su creatividad era posible a través de la anticipación. Pero esta anticipación o recreación es posible para el actor solo si encuentra el modo de liberar su ego superior y de experimentar la conciencia dividida.

Las primeras chispas de la inspiración pueden surgir en cualquier momento y en cualquier etapa del trabajo. Cuando surjan deben ser bien acogidas y ninguna aplicación consciente del método debe interferir en tales momentos.

Primera etapa:	Anticipación, atmósfera general, percepción musical del todo, primeros destellos de las imágenes.
	Muchas lecturas de la obra en solitario.
Segunda etapa:	Elaboración consciente de las imágenes.
	Lectura colectiva de la obra.
	Preguntas orientativas por parte del director.
Tercera etapa:	Incorporación.
Cuarta etapa:	Inspiración. Conciencia dividida.

Epílogo
Con Michael Chejov en Hollywood: Para el actor de cine y televisión
por Mala Powers

Durante los últimos diez años de su vida, Michael Chejov trabajó en Hollywood como actor y profesor. Deploraba el hecho de que el actor de televisión y de cine tuviera generalmente poco tiempo para preparar su papel. Es frecuente que el actor tenga que memorizar y preparar su papel literalmente de la noche a la mañana. La maravillosa libertad y la alegría resultantes de la experimentación con un personaje, de la interpretación en grupo, del descubrimiento de matices, es algo que en la mayoría de los casos le está vedado al actor de cine actual. No obstante, Chejov sabía que incluso en unas circunstancias tan adversas, es posible utilizar adecuadamente los recursos internos del actor. Chejov buscó y encontró formas de ayudar al actor al que se concede poco tiempo para preparar un papel, para reducir su sensación de frustración y apoyarse en su propio talento para sacar a relucir su verdadera creatividad y originalidad en lugar de meros clichés. Chejov enseñaba que, con práctica y ejercicio suficientes de la técnica básica, junto con algunos ingeniosos y sencillos «atajos» para preparar el papel, es posible adaptar sin esfuerzo el talento del actor a las apremiantes exigencias del trabajo en cine y televisión. Puede convertirse en un actor profesional totalmente expresivo y con capacidad de respuesta inmediata.

Trabajar con Chejov
Durante muchas de mis sesiones privadas con Michael Chejov, este me enseñó su técnica actoral sobre la base de los propios guiones de cine y televisión que yo tenía que interpretar. Él nunca leía mis guiones. Me decía, por ejemplo: «Ahora, háblame del guión». Y yo le describía mi personaje y le contaba el argumento. Hasta mucho más tarde no fui consciente de que, mientras describía mi personaje y la historia con toda sencillez y espontaneidad, le mostraba exactamente cómo iba a interpretar el papel. Más tarde aún comprendí que la imaginación creativa de un artista se acelera de inmediato al describir la obra y el personaje sin haber tenido la oportunidad de «pensar» en ellos, antes de formarse unas ideas preconcebidas, intelectualizadas.

Encontrar el personaje
Chejov empezaba entonces a hacer preguntas; la primera era siempre: «¿Es un personaje predominantemente de

"pensamiento", un personaje de "sentimiento" o un personaje de "voluntad"?». Chejov mantenía que pocos personajes, en realidad pocas personas en la vida real, mantienen un equilibrio constante con respecto a sus fuerzas de «pensamiento», «sentimiento» y «voluntad». Cuando se actúa es muy importante saber si se trabaja con un personaje que posee unas sólidas fuerzas de voluntad y una potencia intelectual relativamente pequeña, o con uno que tiene una sólida vida con respecto al sentimiento pero escasa capacidad para controlar sus fuerzas de voluntad.

Chejov planteaba una nueva pregunta: «¿Qué tipo de pensamiento tiene tu personaje?». El pensamiento puede ser frío y duro, como una pequeña pelota negra de goma, o puede ser rápido y brillante y desplazarse por destellos. Puede ser difuso, ligero, lento y pesado, agudo, irregular, penetrante; los tipos y cualidades de pensamiento son casi ilimitados.

Esto mismo puede decirse con respecto a los sentimientos. «¿Qué tipo de sentimiento posee tu personaje?» El personaje puede tener una vida de sentimiento intensa y apasionada, anodina y lúgubre, o básicamente agria como un limón. El personaje puede tener predominantemente sentimientos pesados que lo arrastran hacia abajo, o sentimientos ligeros, soleados, que se irradian fácilmente hacia los demás personajes. La variedad es interminable.

También hay todo tipo de «voluntades»: despótica, fría y acerada, ardiente, esporádica, etcétera. Aunque el pensamiento y el sentimiento se captan fácilmente, muchos estudiantes no comprenden ni experimentan con facilidad lo que es realmente la «voluntad». A menudo tratan de entenderla desde el punto de vista de la «fuerza de voluntad», pero Chejov, para enseñarnos a entrar en contacto con la «voluntad», nos hacía desear que algo sucediera o nos pedía que proyectáramos o irradiáramos voluntad. De forma gradual, nos hacía entrar en el ámbito de la voluntad. Después de un tiempo, la «voluntad» se convertía en una clara experiencia.

Mischa insistía también mucho en la necesidad de saber en cada momento lo que deseaban nuestros personajes. A menudo decía: «El arte no es como la vida. El arte no puede ser como la vida, porque en la vida la mayor parte de las personas no saben lo que quieren. Pero el actor debe saber siempre lo que quiere el personaje. ¡El personaje debe tener siempre objetivos netamente definidos!». Y Chejov iba incluso más lejos. Decía: «Para el actor, no basta con tener simplemente un objetivo, ni siquiera sentir un tibio deseo de algo. Debes visualizar el objetivo como si se realizara constantemente. Por ejemplo, si tu objetivo es "quiero escapar de esta habitación", debes verte a ti mismo en plena huida, quizá en modos muy distintos, por la puerta, por la ventana, etcétera. Es la visión del objetivo que se realiza, lo que crea el impulso para un intenso deseo. Esto es lo que le dará vida a tu papel».

Chejov me alentaba sistemáticamente a descubrir las diferencias entre la personalidad del personaje y la mía propia. «Lo que el actor debe reflejar son las diferencias, eso es lo que hace que el espectáculo resulte artístico e interesante.» Decía: «¡Las similitudes se mostrarán por sí mismas!». Por supuesto, en las películas de cine y en la televisión, donde el encasillamiento del actor es la norma más que la excepción, se suele intentar que los actores protagonistas desistan de usar caracterizaciones fuertes. Pero Chejov creía que no tiene sentido ser actor si no puede uno transformase. En una ocasión lo oí decir: «¡Incluso aunque creas que el personaje es exactamente igual que tú, dale al menos un meñique torcido!».

Indicaciones de dirección
El rodaje de una determinada película me planteaba un gran problema. El director y yo no estábamos de acuerdo en nada. Solíamos discrepar incluso sobre el significado de determinados fragmentos de diálogo. Yo estaba segura de tener razón. Él también estaba convencido de tenerla. Él tenía tiempo de repetir la escena una y otra vez hasta conseguir su interpretación. Fue un proceso especialmente doloroso para mí, porque interiormente me oponía hasta el fin, incluso cuando me esforzaba por darle lo que él quería. El resultado, muy lógicamente, fue que mi actuación al final no era ni la que yo quería ni la que quería él, sino solo una especie de mezcolanza.

Al terminar la película, pedí a Chejov que me enseñara a tomar indicaciones de dirección. Siguieron tres sesiones fascinantes durante las cuales me hizo muchas sugerencias difíciles o aparentemente imposibles; por ejemplo, recoger un objeto y moverse de la luz a la oscuridad para verlo, o entrar a toda prisa en una sala llena de gente para comunicarles un gran descubrimiento que acababa de hacer, pero ponerse de espaldas para darles la noticia. Cuando yo decía: «Sí, pero ¿por qué...?» o «Sí, pero ¿cómo...?», Chejov me decía: «No pienses en ello, no hables sobre ello, ¡hazlo!». En otras palabras, no trates de explicártelo, no te preguntes: «¿Por qué habría de hacer eso [mi personaje]?». No trates de justificarlo mentalmente. Simplemente hazlo. Si es necesario, hazlo más de una vez. De pronto llegará un momento en el que sentirás: «¡Ah! Sí, eso es posible. Lo veo o lo experimento de una forma nueva. ¡Puedo hacer que funcione y puedo hacerlo de un modo artístico y veraz!».

Mediante los ejercicios con «sugerencias imposibles», tarde o temprano descubrirás que todo es justificable psicológicamente. Incluso aunque a primera vista la sugerencia de un director parezca una insensatez, tu propio inconsciente creativo, interior, sin ninguna ayuda ni interferencia de tu intelecto, tiene el poder instantáneo de justificar la acción y hacerla posible para que tú la interpretes de forma sincera.

Para el actor de cine tiene especial importancia practicar para convencerse de eso, porque muchas veces se le pide que interprete una escena de un modo especial simplemente porque la cámara ya está colocada de una determinada manera, incluso antes de haber fijado las posiciones y movimientos de los actores y antes de que estos hayan ensayado. A veces, el montaje del decorado puede obligarte a dar la espalda a otro personaje con un texto que crees que debería decirse directamente a otro personaje. Una queja habitual del actor del método es: «Yo no lo siento así». Ahora bien, a menos que ya seas una gran estrella, si insistes en tu interpretación, corres el riesgo de ser sustituido por otro o no volver a trabajar nunca de nuevo para ese director. Disfrutar de tu propia flexibilidad te proporciona una excelente herramienta para trabajar en cine y en televisión.

La crítica es un veneno
Trabajar con Michael Chejov, tanto en privado como en sus clases, fue siempre estimulante y alentador. Cuando se trabajaba con Chejov, uno siempre era libre para atreverse, porque te enseñaba y a la vez vivía su convicción de que la crítica es un veneno y que lo es más aún para la persona que critica que para las personas que son criticadas. Él enseñaba que el hecho de percibir algo erróneo en cualquier situación debía ser solo un primer paso para encontrar un medio de corregir el problema.
Nos enseñaba a ensayar o ejercitar solo un aspecto o

técnica a la vez. Podíamos trabajar solo sobre la atmósfera, o solo sobre el uso de un cuerpo imaginario o solo sobre el uso de los objetivos. Podíamos ensayar este aspecto muchas veces, hasta que se convertía en una parte sólida y fiable de nuestra interpretación. Chejov nos enseñaba a no permitir nunca que nuestro juicio crítico de actor, «nuestro policía interior», como él lo llamaba, trabajara mientras actuábamos. Después de cada ensayo o ejercicio, sin embargo, Mischa nos pedía que dedicáramos un momento a repasar en silencio lo que habíamos hecho. Teníamos que preguntarnos: «¿Hasta qué punto he logrado lo que me había propuesto? ¿Con qué intensidad he creado una atmósfera? ¿He sentido realmente este cuerpo imaginario? ¿Me empujó realmente a la acción el objetivo escogido?», etcétera. Y si no habíamos participado en el ejercicio sino que nos habíamos limitado a observar a otros, teníamos que preguntarnos si en nuestra opinión los otros actores habían logrado lo que se habían propuesto. Si sentíamos que no lo habían logrado, Chejov insistía en que nos hiciéramos la siguiente pregunta: «¿Qué podrían haber hecho para hacerlo mejor o con mayor intensidad?».

Después de ese tiempo de repaso en silencio, Chejov nos decía: «Bien». Luego añadía: «En mi opinión, lo has logrado», o «En mi opinión no lo has logrado. Lo perdiste en tal y tal punto», o «perdiste tu concentración al decir...». Y Mischa siempre tenía alguna sugerencia para mejorarlo.

Especial para el cine

Las siguientes técnicas han sido pensadas específicamente para ayudar al actor que trabaja delante de una cámara.

«Velarse» para la cámara

Chejov creía en la exploración de todas las posibilidades, en la profundidad y la potencia de las emociones y en la irradiación de energía con la máxima intensidad. Nos animaba a revelar nuestras emociones plenamente, incluso de manera explosiva, en los ensayos (especialmente durante la preparación de un papel en casa o en clase). La cámara, sin embargo, multiplica por cien cada expresión facial y cada parpadeo de un ojo. Frente a una cámara, el actor debe ser enormemente parco en el uso de la expresión gestual y facial. Desgraciadamente, esto suele fomentar la actuación naturalista y trivial, sin ninguna profundidad emocional. El actor tiene poca «presencia» en pantalla y su actuación resulta aburrida.

A los actores se les amonesta a menudo: «Haz menos». Chejov habría dicho: «Haz más, pero "vélalo"». En otras palabras, aumenta la intensidad de tu irradiación, invoca las emociones que deseas hasta que estés a rebosar, y entonces imagina que un suave y vaporoso «velo» desciende sobre ti para «velar» tu expresión. Si tratas de «hacer menos», puedes matar la emoción. La imagen del «velo», no obstante, cuando se utiliza con frecuencia, en muchos momentos distintos y llenos de carga emocional, nos da una gran fuerza. El resultado es una economía de expresión y una verdadera «presencia», que el público también siente. Puedes imaginarte ese «velo» como si te envolviera por completo o como si solo estuviera frente a tu rostro. El velo puede caer sobre ti desde arriba o subir desde abajo. También puedes darle un color, un «velo» rosa pálido o azul transparente, según tu necesidad psicológica y la escena concreta que interpretes.

Chejov enseñaba una técnica adicional que resulta especialmente útil en los contraplanos. Deja que la emoción crezca dentro y que «fermente»; luego simplemente escucha a los otros personajes y «piensa» un fragmento completo de los pensamientos del personaje, a la vez que dejas que los músculos faciales se relajen todo lo posible.

Una «pequeña obra de arte»
Aunque a Chejov le encantaba estar en escena, no siempre disfrutaba cuando trabajaba delante de una cámara. Cuando yo lo conocí, sin embargo, había llegado a disfrutar a fondo de su trabajo en el cine. Me decía que la discontinuidad de la acción no lo molestaba en absoluto; de hecho, había llegado a disfrutar con su actuación en «pequeñas obras». Decía: «Toda pequeña sección tiene un principio, un punto medio y un final, y debe concebirse como una pequeña obra de arte». A menudo me hacía

ejercitar pequeños momentos con la idea de estar a punto de crear «una pequeña obra de arte».

Yo me decía: «Empiezo», y tomaba un vaso; «punto medio», y bebía el agua; luego dejaba el vaso y decía: «Final. ¡Esto ha sido una pequeña obra de arte!».

Michael Chejov se adaptó al cine gracias a que adoptó esta actitud hacia las «pequeñas secciones». Posiblemente la mejor ilustración de su fascinación por lo que puede hacerse con un pequeño momento, la tenemos en una escena de *Recuerda* (*Spellbound*), donde, en su papel del viejo profesor, enciende su pipa y se le cae la caja de cerillas mientras exclama: «¡Mi médico me ha dicho que no fume, pero estoy demasiado nervioso!». Este momento es ciertamente «una pequeña obra de arte», una hermosa joya labrada.

Atajos

Nota de advertencia: los siguientes «atajos» no se plantean como sustitutos del estudio a fondo de las técnicas detalladas ni de la práctica sistemática de los ejercicios incluidos de este libro. Los «atajos» no han sido concebidos por sí solos para desarrollar la creatividad especial de cada actor, y en algunos casos podrían incluso reforzar la «actuación de cliché», si se utilizan sin haber practicado suficientemente los ejercicios necesarios para que el actor establezca un estrecho contacto con su propio «centro» y su propia «individualidad creativa».

Atajos para preparar en casa
Lee el guión en silencio tantas veces como te sea posible. Resiste todo el tiempo que puedas la tentación de decir tu texto en voz alta. No trates de analizar, ni siquiera de pensar conscientemente en el guión ni en el papel. Esto proporciona a tu inconsciente creativo la mayor libertad posible para suscitar una interpretación verdaderamente original del papel.

Describe el argumento del guión a un amigo. El amigo puede estar realmente presente o puedes imaginarlo. No olvides describir tu personaje y el papel que tu personaje juega en la historia. No prepares esta descripción antes de tiempo. Debe ser espontánea. Cuando termines, dedica un momento a repasar en silencio lo que has dicho. Después de un poco de práctica, te sorprenderá el nivel de sabiduría inconsciente y de comprensión del guión y del personaje que ya posees.

«Bautiza» las secciones emocionales. Esto significa encontrar secciones sucesivas en tu guión y denominar a cada una de ellas según su emoción, su sentimiento o sus sensaciones principales, de modo que, desde el punto de vista emocional, cada sección se diferencie de las siguientes. Por ejemplo, digamos que una sección es «miedo», otra «duda» y una tercera podría ser «valor». Después de designar estas secciones, que no deben ser demasiado cortas —cuanto más largas mejor–, empieza a leer tu papel en la sección «miedo» con la cualidad o sentimiento que hayas considerado adecuado para esta sección concreta. Léelo tantas veces como sea necesario hasta que sientas que tu texto se vuelve cada vez más expresivo desde el punto de vista del «miedo». Luego repite el proceso con las secciones que hayas bautizado como «duda», «valor», etcétera. Chejov sugería que, al leer el papel de este modo, se leyera en un principio solo con los ojos y luego se empezaran a susurrar las palabras con incorporación de «miedo», «duda», «valor», etcétera, sin permitirnos usar la voz plenamente. Chejov advertía que si el actor emplea toda su voz antes de tiempo, «¡todo tu miedo con respecto a tu papel y a tu texto, todos tus hábitos y todos los clichés que deseabas evitar pueden despertar de inmediato y meterse en esa voz estridente!».

Algunos lectores pueden pensar que la sugerencia de trabajar con las secciones emocionales y «bautizarlas» es como alentar la «actuación preconcebida», es decir, decidir una emoción apropiada y luego tratar de «actuarla». Sin embargo, después de ejercitar esta técnica durante un tiempo (preferentemente con papeles que no vayas a interpretar), comprobarás que el resultado es justamente lo contrario de la «actuación preconcebida». Las emociones y los sentimientos que llevamos dentro de cada uno de nosotros son tan ricos e ilimitados que, una vez que aprendemos a confiar en nosotros mismos y a sumergirnos en el mundo de la emoción que se nos abre mediante las palabras «miedo», «duda», «valor», «odio», «amor», etcétera, hacemos que este mar de emociones y sentimientos vibre a nuestro alrededor y dentro de nosotros. Pronto lograrás tantos tipos de «miedos», tantas «dudas», «valores», etcétera, que innumerables matices «se producirán» solo para ti.

También podrás comprobar que otros «nombres» de secciones que se te puedan ocurrir de un modo totalmente espontáneo tienen el poder de provocar tu interés artístico o tus emociones. Mientras trabajas con el «valor», por ejemplo, podría surgir una imagen que te hiciera renombrar esta sección como «domador de leones en una jaula». No tengas miedo de permitir que tu imaginación creativa rebautice las secciones.

Haz una lista de las actividades físicas de tu personaje. Incluye las que vengan ya definidas en el guión y otras que te apetezca inventar para este papel. Luego, empieza a realizar las actividades y a moverte con las cualidades y los tiempos que te parezcan adecuados para estas secciones. Es probable que nunca llegues a usar esa actividad en el rodaje; no importa. Cuando hayas dominado esta forma de trabajar, te podrás adaptar a cualquier director y a cualquier circunstancia. Incluso podrás «rebautizar» las acciones en el rodaje para adaptarte a las nuevas ideas que se te ocurran cuando empieces a trabajar con el director y otros actores.

Atajos para preparar en el plató
Haz amistad con el plató.
Llegas al plató sin haberlo visto nunca antes. Te encuentras realmente en un entorno que te resulta extraño, pero el guión exige que tu personaje se sienta cómodo allí. No hay tiempo suficiente para ensayar; como mucho, un pase rápido antes de que el director diga «¡acción!». Por supuesto, si eres habilidoso, puedes fingir que te sientes cómodo por muy nervioso que estés, pero es muy dudoso que llegues a sentirte satisfecho de tu actuación. ¿Hay algo que te pueda ayudar? Sí. Chejov daba la siguiente sugerencia. Lo más pronto posible antes del ensayo –quizá mientras el equipo técnico enciende las luces–, haz amistad con todo lo que te encuentres en el plató. Puedes imaginarte que vas a entrar en el plató como si «cruzaras el umbral» de un territorio amigo. Toca la mesa, siéntate en la silla. La sensación que recibes es totalmente distinta cuando tocas una silla de metal que cuando tocas una de madera. En cuanto registras mentalmente la sensación o la textura especial de un objeto, haces amistad con él. Es probable que no tengas que sentarte de hecho en esa silla durante la siguiente escena, pero debes familiarizarte con ella de todos modos. Haz amistad con todo lo que te encuentres en el plató. Mediante tu imaginación, debes dar al mobiliario una especie de vida. Cuando lo hagas, todos esos objetos inanimados se convertirán en tus aliados. Pronto empezarás a obtener algo de ellos, tanto invisiblemente como por su tacto físico. Aprenderás a desa-

rrollar mediante tus propias fuerzas unas relaciones inmediatas con elementos que de otro modo serían meros objetos inanimados. Todo esto te ayudará enormemente a sentirte cómodo. Como sucede con todas las técnicas, hace falta práctica para aprender a aplicarla rápidamente. La primera vez que intentes tomar plena conciencia de lo que hay en el plató, puedes necesitar más tiempo del realmente disponible. No obstante, incluso una pequeña dosis de esfuerzo y concienciación te servirá de ayuda. Como mínimo, mira realmente el decorado –aunque sea desde fuera– y, en silencio, diles a cuantos objetos puedas: «Te saludo, te saludo».

Hacer amistad con la cámara.
Todos los actores necesitan sentirse apreciados. También necesitan ser tranquilizados. A menudo los actores que proyectan un halo de confianza brusca son precisamente los que más necesitan apoyo y aprobación. Chejov decía que «tranquilizar al actor» era una de las principales funciones del director. Por desgracia, muchos directores –especialmente en televisión– no han descubierto esta obvia verdad o están demasiado agobiados por la «máquina de tiempo de la televisión» como para dar prioridad a la necesidad de transmitir confianza al actor. ¿Cómo puede entonces el actor satisfacer esta necesidad fundamental de ser apreciado? Chejov sugería que el actor debe «hacer amistad» con la cámara. «Salúdala» en silencio al inicio de cada jornada que trabajes delante de ella. Con tu

imaginación todopoderosa, otorga a la cámara una personalidad amistosa que aprecie y disfrute de cada matiz que aportes al papel que interpretes. Esta es también una técnica inestimable para los actores que tienden a «esconderse» del ojo de la cámara. Algunos actores son realmente libres y creativos en los ensayos pero se retraen sensiblemente cuando la cámara empieza a rodar. No te «esconderás» de una cámara con la que hayas hecho amistad. Irradiarás hacia ella con mayor plenitud y confianza y, como Chejov diría: «¿Quién sabe? Tal vez un momento de incomodidad podría convertirse de pronto, mágicamente, en un momento de comodidad, incluso de inspiración».

Haz amistad con el público. Chejov creía que para los actores era importante tomar conciencia de lo mucho que realmente necesitan y quieren a su público. Decía que cuando los actores no son conscientes de este amor o se avergüenzan de él, corren el riesgo de parecer hastiados y condescendientes con respecto al público. Estas actitudes son especialmente habituales con respecto a los espectadores de televisión, a quienes el actor nunca ve. Chejov sugería que los actores tanto de televisión como de cine practicaran una visualización de sus espectadores, sentados en sus casas o en las salas de cine, y que se imaginaran al espectador como alguien que se interesa, que aprende y que disfruta cada matiz de la interpretación del actor.

Chejov aconsejaba que el actor, durante su trabajo delante de la cámara, creara un «público instantáneo»; para ello debía «saludar» interiormente al realizador y al equipo de filmación, y ampliar poco a poco su «campo de concienciación» hasta incluir a todo el equipo técnico. Los miembros del equipo técnico son tu público presencial y sin duda el público al que puedes acceder de forma inmediata. Si estableces conscientemente una relación interna con ellos, consigues incorporar un elemento más humano a los medios mecanizados. «Saludar al equipo de rodaje» no significa estrechar manos y llegar a conocerlos a todos personalmente, aunque, cuando eso sea posible, también puede ser importante, lo mismo para el actor que para el técnico. Este «contacto», tal como Chejov lo entiende, es realmente una acción invisible pero consciente por parte del actor. Es una irradiación de buena voluntad hacia el equipo de rodaje, mientras les envía el siguiente pensamiento: «Actúo para vosotros y sois un público maravilloso, que me apoya».

Hacia un teatro futuro

Durante los últimos años del trabajo de Chejov, a menudo nos invitaba a cada uno de nosotros, como actores, a desarrollar conceptos y visualizaciones claras de lo que creemos que debe ser un teatro ideal[4] de cara al futuro. Él

---

[4] En el contexto del teatro ideal, la palabra «teatro » se refiere a teatro propiamente dicho, cine, televisión y cualquier medio donde el actor tenga que actuar.

mismo se imaginaba un teatro que, entre muchas otras cosas, no confundiera «naturalismo» con «realismo» y pudiera entretener al público con diversos estilos teatrales. La visión de Chejov sobre el teatro futuro también reclamaba un sentido de responsabilidad moral por parte de productores, directores y escritores, además de los actores. Decía que todos ellos deben estar dispuestos a preguntar: «¿Qué efecto tendrá nuestro espectáculo sobre el público?, ¿Qué provocará en los espectadores?, ¿Tendrá lo que les presentamos algún valor positivo para ellos como seres humanos?». Chejov quería que quienes realizan producciones teatrales se pregunten si los integrantes de su público saldrán en algún sentido fortalecidos por lo que han visto, o si de hecho se sentirán debilitados después de su encuentro con la obra teatral o filmada.

Quienes han trabajado de forma seria con la técnica de Michael Chejov saben que cualquier aspecto, cuando se ejercita suficientemente, se convierte en un don para el actor, no solo como artista, sino también como ser humano; un don que puede convertirse en alimento para el espíritu humano, entregado al mundo a través del actor.

Índice de materias

Abbot, John, 44
Abbott, George, 30
Acción, 111-119
   con cualidades, 111-113
   como «qué», 114-119
   Espera activa, 67
Actividad, 214-217, 219, 221
   preparación y sustentación y, 239
Actor se prepara, El (Stanislavski), 207
Adler, Stella, 36, 37
Conciencia estética, 132
Satisfacción estética, 144
Memoria afectiva, 16, 26, 32, 49
Escuela de arte dramático Alexei Suvorin, 13
Allan, Paul Marshall, 45
Antroposofía, 20-21, 23-25
Forma arquitectónica, observación de, 71, 116
Brazos, ritmo y, 133-134
Marco artístico, 237-259
   composición como, 241-259
   atmósfera, 250-251
   gesto composicional, 244-247

crescendo y *diminuendo*, 251-254
   pausa, 247-251
   tempo, 254-259
   preparación y sustentación y, 237-241, 244
Artists (Abbott y Dunning), 30-31
Atmósfera, 40, 60-61, 97-110
   vínculo actor-audiencia y, 99-100
   actor inspirado por, 100-101
   composición, 249-251
   concentración y, 104-107
   contenido y, 99
   proceso creativo y, 262-274
      primera etapa, 262, 265
      segunda etapa, 265, 267
      tercera etapa, 267, 274
   dinámica interna y, 107-109
   misión de, 109-110
   pausa y, 249-251
   sentimientos personales y, 103-107
Público
   vínculo del actor con, 99
   relación de Chejov con, 21, 32

vida contemporánea y, 90-94
hacer amistad con, 293-296
relevancia y, 221-226
Aurelius, Marcus, 121

Barroco, estilo, 231
Belleza, sentimiento de, 39, 55
Belleza (cont.)
  cuerpo y, 137-140
  gesto psicológico y, 180
Beethoven, Ludwig van, 85
Bely, Andrei, 28
Berger, Henning, 17
Biografías, 97
verdad y, 74
Cuerpo (ejercicios psicofísicos), 57, 121-140. Véase también Cuerpo imaginario, 57, 121-140
  centro y, 122, 125
  sentimiento de belleza y, 137-140
  sentimiento de facilidad y, 127-129
  sentimiento de forma y, 130-137
  movimientos de fluidez y, 124
  movimientos de vuelo y, 124-125
  gestos y, 117-119
  movimientos de moldeado y, 123
  objetivo y, 211
  gesto psicológico y, 170-172
  movimientos irradiantes y, 125-1127
Boileau, Ethel, 69
Boleslavsky, Richard, 14
Boner, Georgette, 34, 44
Brynner, Yul, 12, 42, 47

Cámara
  público instantáneo y, 296

hacer amistad con, 294
«velarse» para la, 287
Caso, El (Sukhovo-Kobylin), 29, 31
Castillo se despierta, El (Tolstoi), 34
Centro, 52
  cuerpo y, 122, 126
  cuerpo imaginario con, 197-206
  cine y, 288
  tercera etapa del proceso creativo y, 272
Chaliapin, Fiódor, 183
Personaje, 199
  gesto psicológico y, 147, 182-187
  Interpretaciones del personaje
    búsqueda de Chejov sobre, 14-17
  Trabajo con el personaje, 17
  Caracterización, 223. Véase también Centro; Cuerpo imaginario, 52, 194-206
  encontrar, 280-283
  cuerpo imaginario con centro y, 197-206
  tercera etapa del proceso creativo y, 272
  mediante la incorporación, 194-197
  Mapa para una actuación inspirada, 49-61
Chejov, Anton, 22, 34
Chejov, Michael
  actuación, 12-20, 25-28, 30-32, 36, 37, 43, 182, 279
  alcoholismo, 12, 18
  crítica antibolchevique, 34
  escritos autobiográficos, 13, 29
  en las repúblicas bálticas, 35
  en Berlín, 30-33
  nacimiento y antecedentes, 12

Mapa para una actuación inspirada, 49-61
período de Dartington Hall (Inglaterra), 37-41, 45
muerte, 44
denuncia, 29
depresiones y paranoia, 18-20
como director, 27, 32-35
educación teatral, 12-14
emigración, 29-30
en el Primer Estudio del Teatro de Arte de Moscú, 13-20, 25-28, 182
en Francia, 33-35
en Alemania, 30-33
en Hollywood, 33-44, 279-297
en el Teatro Maly, 13, 16
en París, 33-35
en el Segundo Teatro de Arte de Moscú, 27-29
enseñanza, 20-24, 27-29, 35-50, 279-297
en Estados Unidos, 35-38, 40-44
Chejov (padre), 12, 16
Chejov (madre), 19
Chejov, Olga (esposa), 19
Chejov, Xenia (esposa), 43
Chejov-Boner, Estudio, 34, 44
Chejov, Estudio, 21-25
Chejov, técnica, 36, 43
   actuación cinematográfica y, 279-290
      caracterización, 52, 194
      crítica, 285-286
      dirección, 283-285
      «una pequeña obra de arte», 288
      preparación en casa, 290-292
      preparación en el plató, 293-296
   atajos, 289-296
   «velarse» para la cámara, técnica, 287
   advertencia, 289
   ir más allá del dramaturgo o de la obra y, 15
   lectura–demostración sobre, 36-37
   enfoque lingüístico de, 23
   origen de, 15-16
   resúmenes de, 52-61
Teatro Estudio Chejov, 38-44
Pecho, 133
Contraplanos, 288
Composición, 52, 241-247
   atmósfera y, 250-251
   gesto composicional y, 244-247
   crescendo y *diminuendo* y, 251-254
   pausa y, 249, 251
   tempo y, 254-259
Gesto composicional, 244-247
Concentración, 74-78
   atmósfera y, 104-107
   conjunto y, 227
   irradiación y, 217
Conciencia
   actividad y, 214
   estética, 132
Consonantes, expresión artística y, 163-164
Vida contemporánea, ego superior y, 90-94
Contenido, atmósfera y, 99
Coquelin, Constant, 216
Valor, primeras imágenes y, 79

Crawford, Cheryl, 36
Individualidad creativa, 84-88
 primera etapa del proceso creativo e, 262
 cuarta etapa del proceso creativo e, 274
 cine e, 289
 gesto psicológico e, 167, 178-179, 187-188
Proceso creativo, etapas de
 primera, 262-265
 segunda, 265-267
 tercera, 267-274
 cuarta, 274-277
Crescendo, 251-254
 Tempo y, 254
 Miembros del equipo técnico como público, 296
Grillo del hogar, El (Dickens), 17
Crítica como veneno, 285-286
Cross My Heart (película), 43
Zar Fiódor Ivanóvich, El (Tolstoi), 13

Dartington Hall, 37-41, 45
Da Vinci, Leonardo, 67-70, 116, 141
Muerte, Actuación de Chejov y la, 17
Dehner, John, 44
Diluvio, El (Berger), 17
Diario, primera etapa de proceso creativo y, 264
Dickens, Charles, 17, 65, 186
Diminuendo, 251-254
 tempo y, 255-256
Dirección, indicaciones, 283-285
Conciencia dividida, 31
 cuarta etapa de proceso creativo y, 274-277
Don Quijote, centro de personaje y, 200-205
Dostoievski, Fiódor, 41
Dramatic Imagination, The (*La imaginación dramática*) (Jones), 173
Dunning, Philip, 30
Du Prey, Deirdre Hurst, 38, 42, 45
Du Prey, Edgard, 45

Facilidad, sentimiento de, 39, 54
 cuerpo y, 127-129
Ego. Véase Ego superior
Elmhirst, Dorothy, 38, 45
Elmhirst, Leonard, 38, 45
Recuerdo emocional, ejercicios, 24, 32, 39
Conjunto, 59, 226-230
Globalidad (totalidad), sentimiento de, 56
Erik XIV (Strindberg), 26, 182
Euritmia, 21, 26, 29, 32, 126, 142, 162-167
 libros sobre, (nota), 163
Mal. Véase Bien y mal
Ojos, 133

Cuentos de hadas
 concentración y, 78
 verdad y, 73-74
Fausto, centro del personaje y, 199
Sentir el personaje, 280-281
Sentimientos. Véanse también sentimientos específicos, 53-56
 atmósfera y, 103-107
 gestos y. Véase Gesto psicológico
 individual, 104-107, 110-119
  la acción es el «qué», la cualidad es el «cómo», 114-119

acción con cualidades y, 111-113
objetivo, 105
Pies, voluntad en, 134
Movimientos de fluidez, 124, 129
Movimientos de vuelo, 124, 129
Punto focal, 59
Cuentos populares, verdad y, 73
Forma, sentimiento de, 39, 55
 cuerpo y, 130-137
Cuatro hermanos. Véase Belleza, sentimiento de; facilidad, sentimiento de; forma, sentimiento de; totalidad, sentimiento de
Marcos. Véase Marco artístico

Mirada creativa, 67, 265
Gestos. Véase también Gesto composicional; gesto psicológico, 114-119
 cuerpo y, 118
 expresividad y, 117
 cabeza y, 132
 preparación y, 239
Glagolin, Boris, 15
Goethe, Johann Wolfgang von, 65, 85-86, 275
Gogol, Nikolai, 26-27, 183
Bien y el mal, discernimiento del, 88-90
Gorki, Máximo, 84
Gorn (Crisol), 25
Gótico, estilo, 231
Gounod, Charles, 83
Saludar al equipo técnico, 296
Gromov, Viktor, 35
Group Theatre, 36, 37, 41
Habima Players, 33

Hamlet (Shakespeare), 28, 33, 85, 87, 191
 ejercicio de atmósfera y, 101-102
 gesto psicológico y, 149-156
 irradiación y, 217-219
Manos
 «invisible», concentración y, 74-77
 ritmo y, 133
Harkness, Alan, 42
Hatfield, Hurd, 42, 45
Cabeza, expresión y, 133
Heijermans, Herman, 15
Ego superior, 83-96
 vida contemporánea y, 90-94
 individualidad creativa y, 84-88
 discernimiento del bien y del mal y, 88-90
 primera etapa del proceso creativo y, 262-265
 cuarta etapa del proceso creativo y, 274, 277
 objetividad de y, 94-96
Hitchcock, Alfred, 44, 289
Humor
 sentimiento de facilidad y, 130
 objetividad de, 94-96
Hurok, Sol, 36
Hurst, Deirdre. Véase Du Prey, Deirdre Hurst

Teatro ideal, 296-297
Cuerpo imaginario, 52
 con centro, 197-206
 tercera etapa del proceso creativo y, 272
Centro imaginario, tercera etapa del proceso creativo y, 272

Enfermo imaginario, El (Molière), 14
Imaginación (imágenes), 16-17, 32, 39, 57, 63-81
 espera activa y, 67
 confianza de Chejov en la, 23-24, 32
 concentración y, 74-81
 mirada creativa y, 68
 proceso creativo y, 263-266, 269-270
 y descarte de primeras imágenes, 79-81
 flexibilidad de, 78-79
 conocimiento a través de, 69-70
 objetivo y, 207-208
 gesto psicológico y, 143-145, 149-150
 ver a través de, 68-69
 verdad y, 71-74
Improvisación, 58
Incorporación, 26, 191-197
 caracterización a través de, 194-197
 proceso creativo y, 266, 267-269
 preguntas orientativas y, 193-194
Individualidad. Véase Individualidad creativa.
Inspector, El (Gogol), 26-27, 183
Cuerpo invisible, 204

«Joyas», 58
Jones, Robert Edmund, 173, 196, 209

Rey Lear, El (Shakespeare), 42, 238, 270
 composición y, 241
 pausa en, 247-249

Conocimiento a través de las imágenes, 68-70
Última cena, La (daVinci), 67, 70
 Momentos principales, relevancia y, 224
 Preguntas orientativas, 200
 proceso creativo y, 264-267
 incorporación y, 191-194
Piernas, voluntad en, 134
Leonard, Charles, 46
Lewis, Bobby, 37
Ligereza. Véase también Facilidad, sentimiento de, 32
«Pequeña obra de arte», técnica, 288
Teatro Maly, 13, 15
Trabajadores manuales, movimientos corporales de, 137-138
Meditación, 21-23
Actores del «método», 285
Meyer, Rudolf, 63, 73
Meyerhold, Vsevolod, 32
Michael Chejov: To the Actor –Some New Ideas of Acting (with Exercises) (Chejov), 45-47
Michael Chejov: To the Director and Playwright (Chejov), 46-47
Miguel Ángel, 65, 68, 261
Escena de masas, relevancia y, 224-225
Movimientos de moldeado, 123, 130
Molière, 14
Monroe, Marilyn, 12, 44
Moscow Art Players, 36-38
Teatro de Arte de Moscú (TAM), 27-29, 36
Primer Estudio, 13-19, 25-27, 182
Segundo Estudio, 27-29

«Moisés» (Miguel Ángel), 70
Movimientos
   centro y, 122
   sentimiento de belleza y, 138
   fluidez, 124, 129
   vuelo, 124, 129
   gestos y, 117-118
   moldeado, 123, 130
   irradiación, 125, 129
Cine, 279-297
   caracterización y, 279-283, 291-294
   Chejov en, 44, 279
   crítica y, 285
   dirección y, 283
   «una pequeña obra de arte» y, 288
   atajos para, 289-296
   «velarse» para la cámara y, 287-288
Música
   atmósfera comparada con, 97, 103
   primera etapa del proceso creativo comparado con, 265
   gesto psicológico y, 179

Posiciones naturalistas, gesto psicológico y, 174-176
Nicolás II, zar de Rusia, 13

Objetivo. Véase también Superobjetivo, 60, 207-214, 282
   cuerpo y, 211
   fijar y elaborar, 210
   imaginación (imágenes) y, 208-209
   como imagen, 211-212
   gesto psicológico y, 210
   tomar y soltar el, 212-214
   tempo y, 256
   dos modos de encontrarlo, 208-210
   voluntad y, 209
Objetos, concentración en, 74-78
Observación, 195
Observaciones, sentimientos y, 115-116
O Tekhnike Aktera (Chejov), 47
Otelo (Shakespeare), 135

Palance, Jack, 44
Pater, Walter, 237
Pausa
   atmósfera y, 250-254
Pausa (cont.)
   composición y, 248
   irradiación y, 247-251
Festival de la Paz, El (Vajtangov), 17
Peck, Gregory, 47
Demonios, Los (Dostoievski), 41
Powers, Mala, 44, 47, 49, 279
Preparación, 237-241, 244
Gesto psicológico, 43, 53
   límites del cuerpo y, 170-172
   personaje creado a través de, 147-148, 182-187
   individualidad creativa y, 167, 179, 188
   proceso creativo y, 267, 270-273
   definición de, 143
   euritmia y, 162-167
   sentimiento de belleza y, 180
   tiempo y espacio imaginarios y, 172-176
   imaginación (imágenes) y, 143-

144, 149-150, 158
ejercicios de posición naturalista y, 174-176
objetivo y, 209
aplicación práctica de, 143-155
cualidades y, 143-146, 151, 152, 155, 172, 175-180, 184-188
sensibilidad y, 167-170
uso en Stanislavski del, 147
transiciones entre, 156-162
voluntad y, 173, 184, 186
Ejercicios psicofísicos. Véase Cuerpo (ejercicios psicofísicos)

Cualidades, 25. Véase también Belleza, sentimiento de; facilidad, sentimiento de; forma, sentimiento de; 96 Sentimientos; Sensaciones, 56
acción con, 111-113
gesto composicional y, 246
como «cómo», 114-119
cuerpo imaginario y, 205
gesto psicológico y, 143-146, 150, 153, 155, 171, 175-180, 184-187
irradiación y, 221
tempo y, 254-259
tercera etapa del proceso creativo y, 272
Quinn, Anthony, 44

Irradiación, 58-61, 217-221, 287
pausa y, 247, 251
cualidades y, 221
Rainey, Ford, 42
Rafael, 65
Raskin, Betty, 46
Recepción, 57-58

Ensayos
atmósfera y, 101
proceso creativo y, 265-273
vestuario, 273
cine, 287
objetivos en, 212
Reinhardt, Max, 30, 65, 195
Relajación, 45. Véase también Facilidad, sentimiento de, 23
Remisoff, Nikolai, 45
Ritmo, 133
gesto composicional y, 244
pausa y, 247
Ridgefield Studio, 40
Rittelmeyer, Friedrich, 135
Ruskin, John, 129

Tristeza, sensación de, 39
San Petersburgo (Bely), 28
Sayler, Oliver, 19, 36
Guiones de cine
«bautizar» secciones emocionales de, 290-291
descripción de, 290
lectura en silencio de, 290
Segundo Teatro de Arte de Moscú. Véase Teatro de Arte de Moscú
«Ver» a través de, 68-69
Sensaciones, 56
Memoria sensorial, 39
Sensibilidad
conjunto y, 226-229
gesto psicológico y, 167-170
Decorado, hacer amistad con, 293-294
Shakespeare, William, 19, 28, 32, 68, 85, 87, 93
Véanse también obras específicas

atmósfera y, 99
ejercicios y, 71-74, 100-103, 140
Shankar, Uday, 40
Shdanoff, George, 41, 42
Atajos para cine, 289-296
Relevancia, 221-226
Somoff, Eugene, 44
Sonidos, concentración en, 75
Espacio, gesto psicológico y, 172-176
Formación del habla, 126, 162-166
Recuerda (Spellbound), (Hitchcock), 44, 289
Escenario, atmósfera y, 97-99
Stanislavski, Constantin, 12-28, 36, 46, 84
  concentración de, 76-78
  objetivo y, 207
  gesto psicológico y, 146-148, 182
Stanislavski, sistema de, 183
  análisis de Chejov del, 25
  cuestionamiento de Chejov, 12, 14-16, 19-39
Steiner, Rudolf, 20, 29, 32-34, 126, 132, 207, 274-275
Véase también Antroposofía; euritmia
  caracterización y, 194-196
  gesto psicológico y, 152, 163-167
Straight, Beatrice, 38, 42
Strasberg, Lee, 36
Strindberg, August, 26, 182
Estilo, sentimiento de, 53, 230-235
Sujovo-Kobylin, Alexander, 29
Superobjetivo, 60
Sustentación, 237-241, 244

Tamiroff, Akim, 44
Televisión, espectadores, 295-296

Tempo, 254-259
  objetivo y, 45
  cualidades y, 255, 258
Theatre Guild, 41
Pensar el personaje, 279-281
Tiempo, gesto psicológico y, 162-176
To the Actor (Al actor) (Chejov), 46-47
Tolstoi, Alexei, 13, 34
Juego del «mono entrenado», 14
Transiciones, 156-162, 245
  entre sí y no, 161
Verdad
  desarrollar sentido de, 71-74
  sentimiento de, 53
Noche de Epifanía (Shakespeare), 19, 32

Fealdad, expresión por parte del actor de, 138-139

Vajtangov, Yevgeny, 17, 24-27, 37, 84, 91, 92
  rivalidad de Chejov con, 14, 18
  gesto psicológico y, 182
  transiciones y, 159
Técnica de «velarse para la cámara», 287
Vocales, expresión artística y, 163-166

Wagner, Richard, 70
Esperar activamente, 67
Manera de andar
  cotidiana, 136
  imaginaria, 131, 136
Totalidad, sentimiento de, 39, 56
Voluntad, 114-119
  sentimiento de forma y, 130

objetivo y, 210
gesto psicológico y, 143-146, 158, 174, 184, 186
  tipos de, 134-135
Personaje de «voluntad», 281, 282
Hundimiento del «Buena Esperanza», El (Heijermans), 14

Sí y no, transiciones entre, 161

Mala Powers

Autora del prefacio y el epílogo de este libro, ha protagonizado obras en Broadway, televisión y radio, así como más de veintiséis películas, entre las que cabe destacar su interpretación, aclamada por la crítica, de Roxane, junto con José Ferrer en *Cyrano de Bergerac*. Además, ha tenido éxito como escritora en Estados Unidos, así como en el Reino Unido y otros países europeos. Sus libros *Follow the Year* (Harper, San Francisco) y *Follow the Star* han sido traducidos a varios idiomas.

Mala Powers conoció a Michael Chejov en California cuando estudiaba arte dramático; participó de manera intensa en sus clases, tanto privadas como públicas, durante los seis últimos años de vida del maestro. Fue acogida y adoptada casi como una hija por Chejov y su esposa Xenia. Antes de su fallecimiento en 1970, Xenia Chejov la nombró albacea testamentaria del legado de su esposo. En los últimos años, además de su actividad como escritora y actriz, Mala Powers se ha dedicado a la enseñanza de la técnica Chejov. En la actualidad prepara una colección de grabaciones sonoras de las conversaciones con Michael Chejov sobre el teatro y el arte de la actuación, que será publicada por Applause Books. Estas grabaciones se ponen de este modo, por primera vez, a disposición del público.